教与学的互动

深耕回应式教学

张静 ◆ 著

企业管理出版社
ENTERPRISE MANAGEMENT PUBLISHING HOUSE

图书在版编目（CIP）数据

教与学的互动：深耕回应式教学 / 张静著 . -- 北京：企业管理出版社, 2024.4
ISBN 978-7-5164-3035-4

Ⅰ.①教… Ⅱ.①张… Ⅲ.①高等学校—教学研究 Ⅳ.① G642.0

中国国家版本馆 CIP 数据核字 (2024) 第 028308 号

书　　名：	教与学的互动：深耕回应式教学
书　　号：	ISBN 978-7-5164-3035-4
著　　者：	张　静
策　　划：	寇俊玲
责任编辑：	寇俊玲
出版发行：	企业管理出版社
经　　销：	新华书店
地　　址：	北京市海淀区紫竹院南路 17 号　邮　编：100048
网　　址：	http://www.emph.cn　电子信箱：1142937578@qq.com
电　　话：	编辑部（010）68701408　发行部（010）68701816
印　　刷：	北京亿友创新科技发展有限公司
版　　次：	2024 年 4 月 第 1 版
印　　次：	2024 年 4 月 第 1 次印刷
开　　本：	710mm×1000mm　1/16
印　　张：	10.5 印张
字　　数：	160 千字
定　　价：	68.00 元

版权所有　翻印必究　·　印装有误　负责调换

前言

自"05方案"① 实施以来,从中央到地方各级教育部门和高校,高度重视大学生思想政治理论课工作,各高校纷纷成立独立的马克思主义学院,专门负责思想政治理论课的教学与研究工作,并建立了完善的教学管理体系、教材体系、教师培养制度等,在政策、制度、资金、人员等方面给予了足够的保障,思想政治理论课教育教学的效果有显著提升。

成长在互联网时代的当代大学生,在成长环境、生活环境、学习环境与学习习惯等方面都有独特性。他们大部分是独生子女,家庭物质条件较好,学习和生活环境相对自由开放,自主学习能力强,比较有个性,创新能力强,思维方式不受传统习惯制约,形成了多元化价值观;个人综合素质高,对社会、对国家有责任感,愿意为国家和社会做出贡献;但是一部分大学生比较计较个人得失,对他人的包容性不够,心理承挫能力不足;虽然有远大的理想信念和爱国情怀,但是不够坚定,容易受外界不良信息误导。那么,如何遵循并尊重大学生群体行为的特性及其成长规律,向其传授思想政治教育相关内容,让其真心接受,真心喜爱,以提高高校思想政治理论课的吸引力?这是本研究要解决的主要问题。

通过研究发现,大学生群体行为在形成过程中,通过对外界环境的认

---

① "05方案"特指 2005 年 2 月由中共中央宣传部和教育部共同发布的文件《中共中央宣传部、教育部关于进一步加强和改进高等学校思想政治理论课的意见》,该文件在 2004 年 10 月 14 日中共中央、国务院发布的《关于进一步加强和改进大学生思想政治教育的意见》的基础上,提出了具体性意见。

知与判断来获得信息，再加上个人能力，会通过与他人进行互动沟通，进而有了初始的行为选择；并在外部环境与自我调适的基础上，形成了相对稳定的群体行为表现形式；在大学生群体里，他们之间也会通过暗示、模仿他人的行为，调适自己的行为，达到行为同化的结果，使自己的行为与群体保持一致，进而形成群体行为；由于社会环境与政策的变化，大学生群体行为也处于变化中。

以大学生的参与度和教育者的回应态度为衡量指标，建立基于大学生群体行为特征的思想政治理论课建设效果的解释框架，根据两个指标的两种实现程度，形成了高校思想政治理论课建设效果的四种关系模式：冷漠型关系、代言型关系、无视型关系与合作型关系。在高校思想政治理论课建设过程中，教育者要"放下身段"，积极主动打破二者之间的身份与关系"障碍"，给大学生创造更便捷、更多样的参与渠道及机会，以对话、行动和制度的方式，让大学生最大程度地参与思想政治理论课建设，并且针对大学生的意见、建议和需求等，尽可能在思想政治理论课的改革中体现，彻底打破传统的灌输式和"一言堂"的模式，建立以合作为基础的和谐关系，实现教师与学生的共赢。而合作型的关系是新时代高校思想政治理论课建设和发展方向，它可以促进高校思想政治理论课吸引力的提升和教学质量的提高，让思想政治理论课真正达到入脑入心的目的；也可以增强大学生的积极性与主动性，提高大学生的成就感，有利于弘扬社会主义核心价值观。

作为一名思想政治理论课教师，这些成果与经验，是对过去五年教学经验与研究成果的总结。但是随着社会宏观环境的变化，以及学生的变化，其中的一些结论也在变化，这就要求思想政治理论课教师与教学也要与时俱进，备课过程中，要"备内容""备社会""备环境""备变化""备发展"，同时也要"备学生"，以实现思想政治理论课的守正与创新，确保思想政治理论课教学目标的有效完成。

张　静

2024年2月

目 录

第1章 绪论 ·· 1
　1.1 研究意义 ··· 3
　1.2 研究价值 ··· 8
　1.3 文献梳理与述评 ··· 9
　1.4 研究框架 ·· 20
　1.5 概念界定与理论考察 ·· 23

第2章 成长规律：当代大学生群体的基本特征 ···························· 33
　2.1 大学生群体的成长环境 ·· 35
　2.2 大学生群体的成长特征 ·· 41
　2.3 大学生群体成长过程中的阻碍要素 ····································· 46

第3章 行为规律：当代大学生群体行为的形成与发展 ················· 53
　3.1 影响大学生群体行为的因素分析 ·· 56
　3.2 大学生群体行为的形成机理 ··· 64
　3.3 大学生群体行为的互动机制 ··· 68

第4章 理论框架：教与学关系的框架构建 ··································· 73
　4.1 基于大学生群体行为的高校思政课建设的理论解释框架 ······ 74
　4.2 疏离与低效：课程建设中的代言型关系 ····························· 87

4.3 觉醒与限制：课程建设中的无视型关系 …………………… 89
4.4 对话与共赢：课程建设中的合作型关系 …………………… 92

第 5 章 实证研究：高校思政课吸引力的现状分析 …………………… 99
5.1 思政课吸引力的构成要素 ……………………………………… 100
5.2 思政课对大学生群体的吸引力现状 …………………………… 106
5.3 各要素对思政课吸引力的影响 ………………………………… 111

第 6 章 对策建议：提升高校思政课吸引力的对策 …………………… 117
6.1 明确教育目标 …………………………………………………… 118
6.2 完善教学内容 …………………………………………………… 121
6.3 创新教学方式 …………………………………………………… 123
6.4 强化教师队伍建设 ……………………………………………… 126
6.5 优化教育环境 …………………………………………………… 131

第 7 章 时代要素：助力高校思政课吸引力提升的创新 …………… 133
7.1 内容要素：抗疫元素助力思政课内容创新 …………………… 134
7.2 技术要素：5G 技术助力思政课形式创新 …………………… 141

参考文献 ……………………………………………………………………… 150

第1章

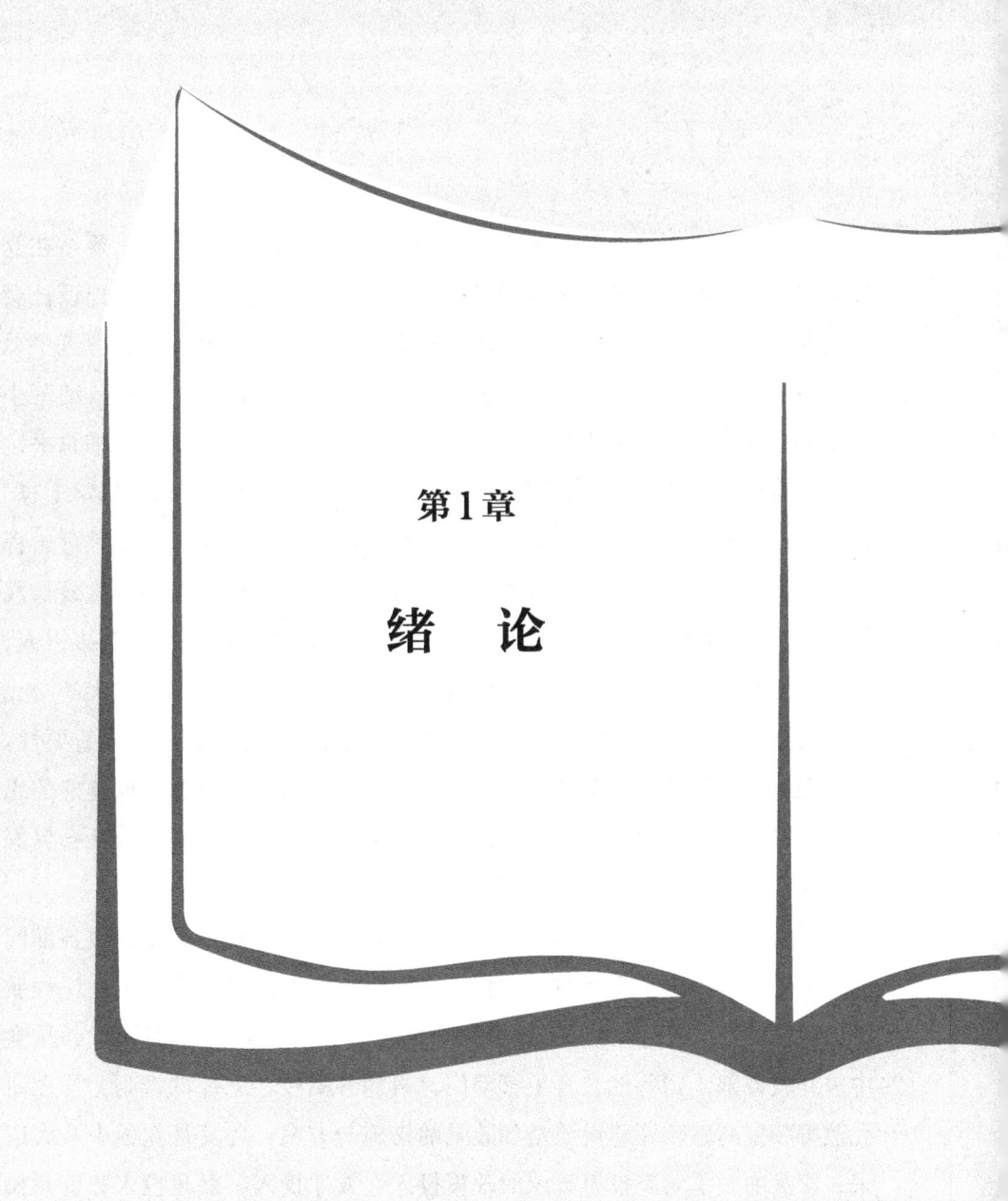

绪 论

当前，教育领域办好思想政治理论课（以下简称思政课），要站在党和国家事业发展的高度，服务于坚持和发展中国特色社会主义、建设社会主义现代化强国、实现中华民族伟大复兴的总体目标。2014年，习近平总书记在上海考察期间指出：培育和践行社会主义核心价值观要在落细落小落实上下功夫，特别是要抓好青少年等重点人群。2016年，习近平总书记在全国高校思想政治工作会议上指出，（高校学生）朝气蓬勃、好学上进、视野宽广、开放自信，是可爱、可信、可为的一代，在思想政治教育过程中，必须"遵循思想政治工作规律，遵循教书育人规律，遵循学生成长规律"，将"围绕学生、关照学生、服务学生"落到实处，才能立德树人，提高思想政治教育的有效性。2018年，习近平总书记在考察北京大学马克思主义学院以及2020年考察南开大学时，多次提到思政课建设的重要性。思政课对大学生树立正确的世界观、人生观和价值观，以及形成良好的思想道德素质尤为重要，同时思政课对于国家稳定、社会发展以及社会良好风气的形成、社会主义核心价值观的弘扬等都具有重要作用。

思想政治教育是高校最为重要的任务之一。近年来，国家各级各部门进一步强化高校思想政治教育工作，主抓思政课的建设，尤为关心课程质量的建设。自"05方案"实施以来，高校思政课建设进入新阶段，从党中央到教育部，到各地教育主管部门，再到各高校、思政课教师，均在研究改善和提高思政课建设质量和效果的措施与方案；尤其是党的十八大以来，国家加大了对高校思政课的政策投入、人才投入、财政投入和资源投入，各高校也将思政课作为课程建设的重要任务，除了给予相关政策与人财物的支持外，还积极完善思政课教学的硬件与软件环境，强化思政课的内容建设、教学方法改进和教学环境优化等，使得思政课建设取得了明显成效，大学生对思政课的评价不断提高，对思政课的认可度也不断提升，思政课的吸引力不断提升。

本书基于高校思政课已有的建设政策与建设成效，以大学生群体为主要研究对象，通过分析大学生群体行为的特性与规律，结合当前高校思政课的特点和发展方向，从教师和学生、供给与需求两个方面，分析如何提升思政课的吸引力，以达到思政课的教学内容与方法等在供给与需求方面的平衡，确保思政课建设的有效性，进而使得高校的思政课"既叫好又叫座"。

1.1 研究意义

"青年是社会上最富活力、最具创造性的群体"，在开展思想政治教育的过程中必须"要遵循思想政治工作规律，遵循教书育人规律，遵循学生成长规律"。作为"互联网原住民"的当代大学生能熟练掌握互联网的各种应用，他们伴随互联网的发展成长，是互联网最忠实的用户，而且他们独立、积极、主动，有自己的个性与意识。只有掌握了大学生的行为规律，才能"对症下药"，提升思政课的吸引力。

1. 坚持高校立德树人根本任务的要求

"我们办中国特色社会主义教育，就是要理直气壮开好思政课，用新时代中国特色社会主义思想铸魂育人，引导学生增强中国特色社会主义道路自信、理论自信、制度自信、文化自信，厚植爱国主义情怀，把爱国情、强国志、报国行自觉融入坚持和发展中国特色社会主义事业、建设社会主义现代化强国、实现中华民族伟大复兴的奋斗之中。"高校思政课是高校思想政治教育的主渠道和主战场，它对于提高大学生的思想道德素质，加强大学生的价值观教育，增强大学生对中国特色社会主义的认同感等都具有重要的意义与作用；同时，它也能够形成较为广泛的社会辐射力与影响力，通过思想政治教育也能够强化弘扬社会主义核心价值观。所以，高校必须将加强思政课建设，作为高校思想政治教育的首要任务。

思政课肩负着传播马克思主义理论和中国特色社会主义理论体系的重要使命，通过教育教学能够让大学生系统全面地了解马克思主义理论的产生过程、发展历程和主要内容。虽然中学和小学的思政课已涉及相关内容，而高校思政课则从理论来源进行深入的学理分析和理论层面的说服性分析，需要学生进行系统化的学习与研究。

思政课具有巩固马克思主义在意识形态领域指导地位的重要作用。在大学的学习生活过程中，大学生接触到的知识越来越丰富，且越来越复杂。大学生的好奇心强，想学习和接触不一样的知识与信息，也有意愿进行深入思考，这就要求大学生接触和学习到的知识必须是正确的，不能被一些不良信息误导，否则不仅不利于大学生的成长成才，还不利于社会稳定。所以高校思政课还承担着引导当代大学生成长成才的重要职责，要培养大学生具有正确的价值判断能力，能够正确判断是非曲直，理性客观地对待各类社会问题，能够坚定地认同中国特色社会主义制度，进一步增强"四个自信"，提高马克思主义在意识形态领域的地位。

思政课肩负着培养社会主义事业接班人的重要使命。思政课的建设只能加强，不能削弱。我们正处在百年未有之大变局和中华民族伟大复兴的历史进程中，需要一代代的社会主义建设者和接班人接续奋斗。上好思政课，关系到培养什么人、怎样培养人、为谁培养人的根本问题，我们必须清醒地认识到思政课在立德树人过程中的不可替代性，毫不动摇地加强思政课的建设。

由此可知，高校思政课所承担的不仅仅是理论教育和价值观培养的职责，也需要对当代大学生进行全面的思想道德素质教育，让大学生能够全面充分地认识各类社会问题，正确全面地认知世情、社情与国情，在引导大学生树立正确价值观的基础上，培养国家和社会发展所需要的接班人，使他们能够承担起实现中华民族伟大复兴的中国梦的职责。

2. 厘清信息时代对高校意识形态的新要求

随着互联网技术与信息化的迅速发展，传统信息传播的方式发生了改变。以微博、微信、抖音等为代表的新媒体平台逐渐普及，其以简单、便捷、即时等特点迅速得到了大学生的认可。青年学生已经成为互联网的主力军，新媒体已经成为他们生活的一部分。不可忽视的是，大学生使用新媒体时间较长，部分大学生存在网络成瘾和"新媒体依赖"等现象，这不仅占据了他们的学习时间，还在一定程度上影响了他们的身心健康。

第一，新媒体将人们带入了一个"可以自由言说"的空间场域。在网络开放自由的环境下，各大新媒体平台之间的竞争也越发激烈，为了抢占市场份额，争夺用户资源，一些披着民主、自由外衣的偏激甚至反动思想言论在网络空间中传播，并以娱乐化、新奇的方式引起大学生的关注。例如，抖音等社交短视频平台运营商有时对部分视频内容的质量把关不严，有些人将带有享乐主义、拜金主义等不符合社会主流价值观的内容掺杂在短视频中，还有些人将带有宣传"普世价值"、历史虚无主义等不符合正确舆论导向的内容发布到平台上。

第二，大学生获取知识和信息的路径不断拓宽。借助网络新媒体这一载体，国与国之间在政治、文化上相互影响和渗透。经济和技术交流的广泛和深入导致信息交流的渠道和内容庞杂，意识形态、价值观的冲突等借助互联网得到广泛传播和渗透。世界范围内的各种社会思潮纷纷涌入国内，西方敌对势力利用网络传播媒介戏说、恶搞历史，还以"考证""揭秘""还原"历史为借口，向人们推送极具迷惑性和煽动性的信息，歪曲、丑化、抹黑中国共产党领导中国人民进行革命的历史，对我国的国家安全带来严重挑战，严重影响了社会主义核心价值观的传播，给大学生主流价值观的培育形成了极大阻碍。

大学生的心智尚未完全成熟，他们仍处在一个价值观形成和确立的关键时期。大学生过多地接收新媒体带来的娱乐化、功利化的碎片信息，导致大学生群体缺乏深层次的文化积淀，很容易被网络媒体中的不健康内容"洗脑"，从而迷失人生方向。当代大学生作为国家的接班人，必须实现

"德智体美劳"全面发展，因此高校必须重视大学生的心理健康以及思想价值倾向，在知识传授过程中让大学生树立正确的知识运用价值导向，引导大学生将自我价值实现与国家、社会的发展需求结合起来，增强对国家政治、道路与政党的认同感。高校思政课的意义就在于提升大学生群体的政治觉悟，增强大学生的理性认同感，提高大学生辨别是非的能力，让大学生在大是大非面前态度鲜明、立场坚定，并始终在政治立场、政治方向、政治原则、政治道路上同以习近平为核心的党中央保持高度一致，从而在激烈的国际竞争中使中华民族立于不败之地，为实现"两个一百年"奋斗目标形成凝聚力。

3. 确保高校思政课建设的各类保障制度的有效落实

自"05方案"实施以来，教育部、各地教育主管部门、各高校针对思政课建设效果的提升，实施了一系列针对性强、目标导向明确的措施与方案，期望从教师、教学内容、教学方法、教学环境等各个层面，提高思政课的吸引力，进而提高思政课的建设效果。

关于思政课建设的要求，2019年发布的《关于深化新时代学校思想政治理论课改革创新的若干意见》，从教学内容、教学方法、教材体系、教师队伍等各个方面提出，思政课要坚持用习近平新时代中国特色社会主义思想铸魂育人，以政治认同、家国情怀、道德修养、法治意识、文化素养为重点，以爱党、爱国、爱社会主义、爱人民、爱集体为主线，坚持爱国和爱党爱社会主义相统一，系统开展马克思主义理论教育，系统进行中国特色社会主义和中国梦教育、社会主义核心价值观教育、法治教育、劳动教育、心理健康教育、中华优秀传统文化教育。2021年，教育部印发的《高等学校思想政治理论课建设标准（2021年本）》，从领导制度建立、教材使用、教师队伍建设、各职能部门配合、教学管理、教学内容设计等各个方面，对思政课建设进行了详细的建设标准设置，以期能够进一步提升思政课的教学质量和建设质量。

关于教师队伍建设，2018年发布的《中共中央、国务院关于全面深化新时代教师队伍建设改革的意见》，提出了思政课教师队伍建设的整体规划与思路,强调以教学科研组织建设为平台,以选聘配备为基础,以培养培训为抓手,以学科建设为支撑,以制度建设为保障,以实现教学状况明显改善为目标,培养一批坚持正确政治方向、理论功底扎实、善于联系实际的教学领军人物、中青年学术带头人和骨干教师,努力建设一支政治坚定、业务精湛、师德高尚、结构合理的教师队伍。2019年3月18日,习近平总书记在学校思政课教师座谈会上强调:办好思政课关键在教师,关键在发挥教师的积极性、主动性、创造性。这对于思政课教师的责任和重要性做了明确强调。在此基础上,以北京、上海、浙江为代表的省市,每年组织思政课教师开展社会考察和国情调研学习,到西柏坡、延安、井冈山等地学习考察;每年定期举办多场思政课教师集体备课活动、思政课青年教师上岗培训活动、思政课教学比赛和教学创新比赛等;面向思政课教师设立省级课题等,提高思政课教师的教学能力和科研学术能力并增加其知识储备量。

在培养学生方面,部分省教育部门和高校设置了专门的马克思主义理论专业的学业奖学金,鼓励学生学好马克思主义理论,增强学生的获得感、成就感与认同感;教育管理部门与高校、企业、基层政府部门等联合设立思政课教育教学实践基地,组织学生开展社会调研和国情调研、社会考察及各类志愿服务活动,鼓励学生通过参与各类社会活动,拓展知识面,形成更加全面和准确的社会认知,推动学生从理论走向实践,从书本走向社会,加大马克思主义理论知识的社会指导意义,增强学生对课堂理论知识的认同感。

综上所述,高校思政课在巩固主流意识形态、传播中国特色社会主义理论体系、弘扬社会主义核心价值观等层面都具有重要意义。从整体来看,针对思政课教学效果的提升,国家和各高校提出了许多有针对性的对策,并实施了一系列建设性方案,并取得了一定的成效,思政课的"到课率"和"抬头率"不断提升,教学内容不断深化,教学方式越来越丰富,大学生对思政课的认同度不断提升,思政课的吸引力不断提升。但是在这个过程中,我们也可以看出,虽然国家和各高校在人财物的投入力度上很大，但高校的思政课建设在推进过程中仍存在一些问题，如教师教学内容和教学方式单一，大学生的认同度有待继续提升等，思政课的"投入产出比"略大，即投入多，但实际效果与预期效果相比略有差距，所以基于当前思政课建设过程中面临的各种问题与挑战，必须在思政课建设效果层面不断精进，以更加精准、全面、丰富的方法提升思政课的吸引力，进而提高思政课的建设效果。因此，本书主要研究如何遵循并尊重大学生的行为特性与规律，春雨润物般地向其传授思政课的相关内容，让其真心接受、真心喜爱思政课，以提高高校思政课的吸引力。

1.2 研究价值

1. 学术价值

当前关于大学生群体行为的研究较少，将大学生群体行为与高校思想政治教育吸引力提升相结合的研究更少。本书基于复杂网络理论，结合社会学、心理学、管理学与计算科学等方法，将理论研究与实证研究相结合，详细探讨大学生群体行为的特性与形成机制等规律，建立基于复杂网络的大学生群体行为与思政课吸引力的关系结构模型，探讨新时期真正适合大学生群体行为特性的思政课的教育教学方法，以充实新时期思政课建设的相关理论。

2. 应用价值

遵循学生成长规律和思想政治工作规律，了解学生需求，使所教内容是学生需要的，让学生全面参与到思政课的教学过程中，做到思政课的"入脑"和"入心"一直是近年来高校思政课教学工作的重点。本书基于复杂网络理论，探讨大学生的成长规律与群体行为规律，研究提升大学生对高校思政课的接受度与认可度的对策，并提出提升思政课吸引力的建议，这对于指导思政课教学有重要意义。

1.3 文献梳理与述评

1.3.1 基于知识图谱的研究概述

本书采集的数据来源于中国知网数据库，检索时间范围为2000—2022年，检索截止时间是2022年2月22日，检索的主题词为"大学生思政课"或"大学生思政课"，期刊类型为核心期刊和CSSCI期刊，共检索到论文1258篇，剔除掉和研究主题不相关的文献后共有论文1255篇。研究主要采用知识图谱法对检索得到的文献进行研究，采用的研究工具为CiteSpace信息可视化分析软件。信息可视化是对大规模非数值型信息资源计量处理的一种重要方法。利用Citespace软件，可以把某领域的文献数据信息绘制成知识图谱，进行可视化分析，获取某领域的研究热点、趋势。

1. 研究基本情况分析

（1）发文量年度走势分析。文献产出数量是衡量该领域研究变化趋势的重要指标之一。本书将检索的有效数据按发表的年份绘制成文献分布图，结果见图1-1。

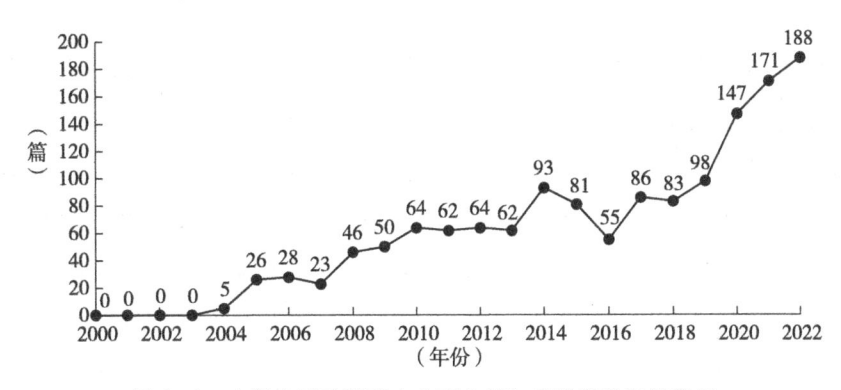

图1-1 大学生思政课研究主题文献年度发表数量趋势图

从图 1-1 中可以看出，2004 年以前，"大学生思政课"相关主题研究的核心期刊和 CSSCI 期刊的文献数量几乎为零。2004 年 10 月，为深入贯彻党的十六大精神，提高大学生思想政治素质，促进大学生全面发展，中共中央、国务院发布《关于进一步加强和改进大学生思想政治教育的意见》，对进一步加强大学生思想政治教育提出了具体要求。相关主题研究数量在 2004—2018 年整体上呈现一定的增长趋势，但是增长速度较为缓慢；2014 年发表文献 93 篇，达到一个小高潮，随后两年处于小幅度下降趋势，2015 年发表文献 81 篇，2016 年发表文献 55 篇。在 2018 年之后得到迅速发展，越来越多的学者逐渐重视并研究大学生思想政治教育工作，因此关于"思政课"相关的研究文献数量不断增长，相关研究文献达 83 篇，2019 年 98 篇，2020 年 147 篇，2021 年 171 篇。如此快速的学术文章发表量的增长，主要是因为，党的十九大以来，以习近平总书记为核心的党中央高度重视大学生思想政治教育，教育部不断强调将"立德树人"摆在教育的首要位置，也高度重视高校思政课建设，学术界对大学生思政课的研究和探索也逐步走向深化。

（2）核心作者及其研究团队分析。图 1-2 是 2000 年至今发文量前 10 位的作者，其中西南大学黄蓉生、武汉大学沈壮海、吉林大学马超、西南大学白显良等人，都是国内开展"大学生思政课"研究的重要学者。发文量排名在前 10 位的作者主要集中在西南大学、武汉大学和吉林大学和武汉理工大学。

（3）文献研究机构分析。从研究机构的共现分析可以了解该领域的研究力量分布及其影响力。通过分析得到各个机构关于"大学生思政课"主题发表文献的数量见图 1-3。从表 1-1 中可以看出，发文量排名前 10 的学校分别是武汉大学（22 篇）、西南大学（21 篇）、北京师范大学（18 篇）、武汉理工大学（18 篇）、东北师范大学（16 篇）、陕西师范大学（13 篇）、北京大学（11 篇）、中国人民大学（11 篇）、山东大学（11 篇）、扬州大学（10 篇）、哈尔滨师范大学（10 篇）、吉林大学（10 篇）。总体来看，各机构有关"大学生思政课"主题的研究分布比较均匀，发文

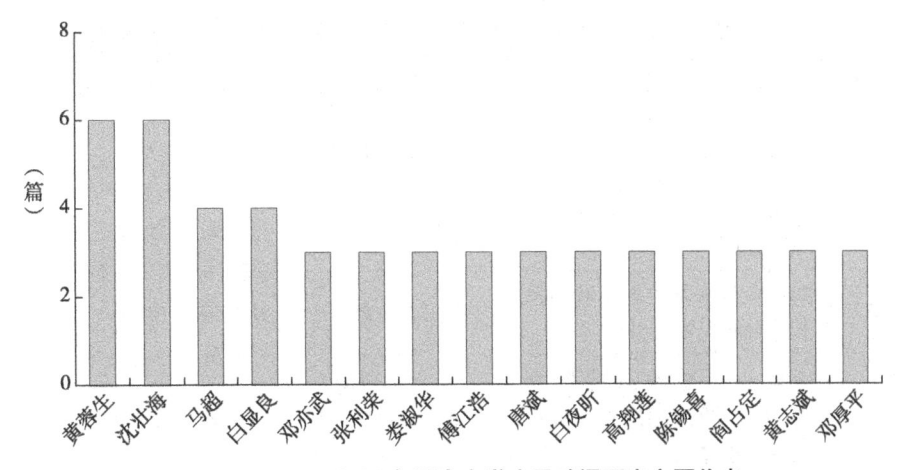

图 1-2　2000—2021 年国内大学生思政课研究主要作者

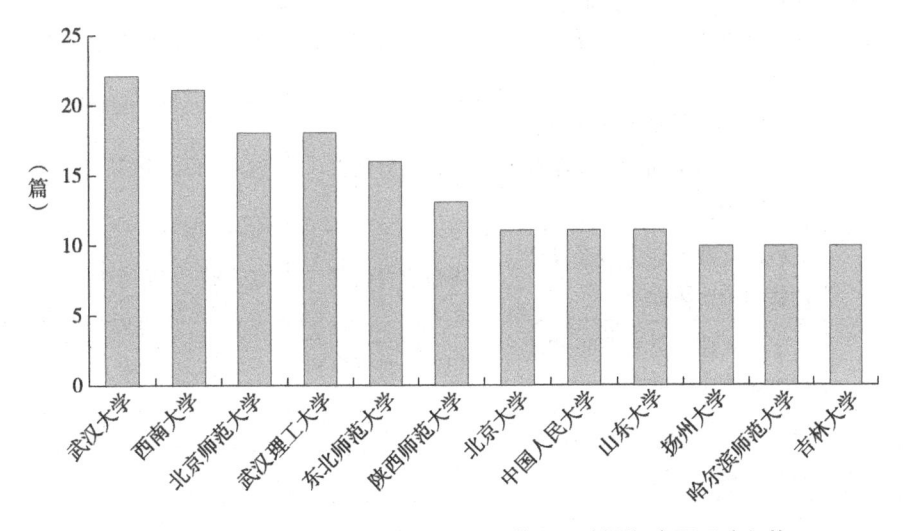

图 1-3　2000—2021 年国内关于"大学生思政课"主要研究机构

数量相对较低，对于"大学生思政课"主题的研究力度还有待加强。

（4）高频被引论文分析。将中国知网数据库检索筛选后的文献按照被引频次进行排序，得到被引次数最高的 10 篇文献见表 1-1。被引频数最高的 10 篇文献主要集中在 2017 年和 2018 年。研究的主要内容可以分为两类：一是大学生思政课研究现状；二是大学生思政课教育改革的实践探索，说明思政课研究已经从基础研究阶段步入教学实践探索阶段。

表1-1 2010—2021年国内大学生思政课研究领域前10位的高频被引文献

序号	文献	期刊	第一作者	年份	被引频次
1	正确把握"课程思政"与思政课程的关系	思想理论教育	石书臣	2018	360
2	2016年度大学生思想政治状况调查分析	思想理论教育导刊	沈壮海	2017	234
3	2015年度大学生思想政治及其教育状况调查分析	中国高等教育	沈壮海	2016	121
4	大学生思想热点问题导向——深化思政课专题教学的一条途径	思想理论教育导刊	谭希培	2011	102
5	论思想政治教育亲和力	思想教育研究	庞桂甲	2017	99
6	2014年度大学生思想政治教育状况调查分析——基于全国35所高校的调查	思想理论教育导刊	沈壮海	2015	97
7	2016年度大学生思想政治教育状况调查分析——基于全国35所高校的调查	中国高等教育	沈壮海	2017	94
8	高校思政课混合式教学模式的建构路径探析	思想教育研究	杨志超	2016	93
9	关于思政课与日常思想政治教育相结合的思考	思想理论教育导刊	王炳林	2009	86
10	以大学生获得感为核心提升思政课教学质量	思想理论教育	房广顺	2018	84

2. 研究主题分析

表1-2是对大学生思政课研究的高频关键词所进行的统计，排名前10的关键词分别为思政课（239次）、大学生（166次）、高校（65次）、实践教学（49次）、实效性（33次）、教学改革（30次）、获得感（27次）、立德树人（23次）、新时代（23次）、对策（22次）。通过分析关键词的中介中心性发现，中介中心性排名前10的关键词依次为思政课（0.45）、大学生（0.26）、高校（0.07）、实效性（0.06）、实践教学（0.05）、对

策（0.04）、获得感（0.03）、高职院校（0.03）、教学改革（0.02）、立德树人（0.02）。

表 1-2 2010—2021 年国内大学生思政课研究的高频关键词统计

序号	关键词	出现频次	中心度	序号	关键词	出现频次	中心度
1	思政课	239	0.45	10	对策	22	0.04
2	大学生	166	0.26	11	教学	18	0.02
3	高校	65	0.07	12	高职院校	18	0.03
4	实践教学	49	0.05	13	路径	17	0.02
5	实效性	33	0.06	14	亲和力	16	0.00
6	教学改革	30	0.02	15	创新	13	0.01
7	获得感	27	0.03	16	教学模式	11	0.02
8	立德树人	23	0.02	17	主渠道	11	0.02
9	新时代	23	0.02	18	高职	10	0.01

知识图谱中高频关键词网络的密度、子群结构、中心地位代表着某一领域一定时期内的研究热点，从表 1-2 中可以看出，当前学者关于思政课的研究主要集中在思政课实践教学、思政课教学改革、思政课获得感等，对思政课吸引力的相关研究并不是非常多。

与此同时，进一步对其研究概况进行分析。利用 Citespace 软件对"大学生思政课"研究主题 CNKI 文献数据中的"关键词"类型数据进行聚类分析。通过相似聚类进行合并，删去不相关名词等分析后，结合高频和高中介中心性关键词，总结归纳出大学生思政课研究的三大领域：大学生思政课教学目标、大学生思政课教学实践、大学生思政课教学改革。将获得感、立德树人、协同育人等关键词归纳为大学生思政课教学目标；将实践教学、实效性、对策、教学、路径、教学模式、主渠道等关键词归纳为大学生思政课教学实践；将教学改革、新时代、创新等关键词归纳为大学生思政课教学改革。这也就是当前关于高校思政课研究较多的领域和主题。接下来对其具体情况进行分析：

第一，大学生思政课教育目标。该领域的研究范畴包含立德树人、协同育人等方面。自党的十八大以来，以习近平为核心的党中央高度重视思政课的建设，做出了一系列重大决策部署。2016年12月7日，总书记出席全国高校思想政治工作会议并发表重要讲话：要坚持把立德树人作为中心环节，把思想政治工作贯穿教育教学全过程。这些重要论述深刻地阐明了立德树人在思想道德教育、文化知识教育、社会实践教育各环节中的基础性地位和引领性作用，我们必须深入贯彻落实。

第二，大学生思政课教学实践。思政课教学研究是学术界长期关注的核心领域，主要涉及教学内容、方法、实效性等方面的研究。其中，教学方法领域取得了长足的进步，混合式教学、翻转课堂等新兴教学方法的研究层出不穷；近年来，实践教学尝试与慕课、VR技术等领域相结合，取得了丰硕的研究成果。

第三，大学生思政课教学改革。在党中央的领导下，各部门和各地高校全面贯彻落实中央关于思政课建设的要求，采取一系列重大举措，全面加强和改进思政课教学，深化思政课教学改革，在教学理念、教学方法、新媒体融合、教学模式等不同层面进行了改革。

3. 研究热点及前沿趋势分析

为了更好地反映思政课研究不同时期的研究热点，我们运用关键词突变词发现功能，按照突变程度选择13个突变的关键词，以2004—2022年期间，标注出对其研究最为热门的时间。具体见图1-4。

从图1-4可以看出，为了更好地推动思政课的改革创新，自"05方案"实施以来，学者们关于思政课改革的相关研究不断增加，从思政课教学实效性的研究到教学模式的研究，再到实践教学的改革与创新。这也说明，不管是思政课教学，还是思政课教学研究，一直都紧跟时代发展，紧跟社会发展，同时也在不断进行创新、不断丰富高校思政课的教学内容，以满足大学生成长成才的要求。从整体来看，思想政治教育具有较强的政策导向，近期研究侧重教学方法的改进与教师能力、素质的提升。在当前阶段，获得感、立德树人等关键词仍为研究的热点，所以，如何提升高校思政课的吸引力也就成了研究的重点之一。

Journals	Year	Strength	Begin	End	2004—2022
对策	2004	3.62	2006	2011	
主渠道	2004	3.05	2006	2010	
实效性	2004	4.85	2008	2011	
大学生	2004	8.44	2009	2011	
教学模式	2004	3.15	2011	2013	
实践教学	2004	3.8	2012	2014	
高职院校	2004	4.8	2013	2015	
教学	2004	3.1	2014	2015	
获得感	2004	6.5	2017	2022	
立德树人	2004	5.24	2017	2022	
亲和力	2004	4.68	2017	2020	
新时代	2004	7.21	2019	2022	
高校	2004	5.21	2020	2020	

图 1-4　2004—2022 年国内大学生思政课研究突变词分析

1.3.2　关于群体行为的研究

群体行为一直是国内外学术界研究的重点，学者们运用管理学、社会学、心理学等知识，结合复杂网络理论利用计算机进行模拟仿真，得出了许多有价值的研究成果。

1. 群体行为的形成与特质

群体行为是通过个体协调合作产生的，群体中所有潜在成员都会参与这个过程，这是一个"循环反应"的过程。从博弈的角度来看，群体中每个人都有一定的利益导向性，在行为选择中会采用极大极小策略，更多的参与者会参加群体行动，而不会选择个别行动，并总是试图最大化奖励、最小化成本。群体成员通过相互促进和相互作用的反应会产生刺激，导致群体中的行为互相模仿，并在模仿中创造新的规范。在决策过程中，由于个人获取信息的有限性和信息分析能力的有限性，个人的决策往往会参考或依照他人的决策形成，因此，每个人都会选择多数人的行动，使得群体行为有一定的相似性。

2. 影响群体行为形成的因素

任何一种行为都是由内因和外因相互作用而产生的，当网络外部性为正且主体更多地利用这些信息时，便能对群体行为选择产生稳定作用，也能降低混乱性。价值累加理论认为群体行为的形成是受结构性压力、社会控制机制、社会环境、诱发因素、成员和信念影响的，所以每个个体行为会依据环境的变化而变化，每个人为了达到目标，可能会试图通过影响周边的环境和个人的行为的方式，控制、影响和引导他人的行为。因为个体在决策时可能会参考周边其他人行为，所以通过对环境和人们生活的周边区域的引导与控制，我们甚至可以控制一个人或者一个群体的行为，并对其进行合理与有效预测，这主要是因为人的行为一般具有目标导向性，会随着时间的变化而演变，形成一个层次目标，影响个人决定。

3. 群体成员的互动与行为选择

基于复杂网络的元胞自动机模型对群体行为进行模拟仿真是最普遍的研究方法之一，系统中各个元胞之间相互作用，形成一定的互动规则与群体，不同群体的行为表现均有一定差异。各元胞在速度、性别、能力、心理层面的变化等都会影响群体行为的走向，如群体成员越理性，受他人干扰和影响的可能性越小，其行为也越理性，处理部分突发事件的速度可能也越快。所以，每个个体都有各自的行为规则与策略，个体通过与其他主体及环境相互作用，使得群体行为的宏观特征涌现，这为预测群体成员和群体行为的动态变化提供了依据。

1.3.3 关于大学生的行为心理特性与群体行为动机的研究

成长在新媒体环境中的大学生具有极强的创新性与独立性，在群体中有强烈的表现意愿，渴望成为群体的中心，表达自己，得到他人的认同、尊重与信任。但极少部分大学生也存在一些问题，如存在道德滑坡的现象，理想信念不是很坚定，自主性强但独立性不够，对周边环境、亲人朋友等依赖度高；社会公德意识淡漠，违纪违规行为增多，诚信意识降低，网络行为失范，法律意识欠缺；爱情观扭曲，恋爱观不成熟、责任心不强等，心理健康状况不良；重个人利益，轻集体利益，重经济目标，轻政治目标；有较强的功利性，无论是个人行为还是群体行为，都强调以个人利益为中心。此外，大学生群体行为受消费、求知、从众、人际交往等多种动机相互驱使，表现出稳定与不稳定共存、松散与活跃共存的特性。同时，大学生的行为中存在互悖的情况，如他律与自律共存、既独立又依赖、既相似又相异、既开放又保守、既松散又紧密、既平等又有等级等，各种矛盾丛生。群体权威的不确定性等行为方式使得大学生群体行为呈现出较强的复杂性，这就要求要多角度、全方位地研究大学生群体行为的规律。

1.3.4 关于大学生群体行为的调控与引导的研究

尤尔根·哈贝马斯强调，一个行动是否具有理性，不能只用其行动者本身来衡量，同时也需要分析行动者行为、个性及其与外在客观环境的关系，只有这样才能保证行动者在思想和观念层面是理性的，也只有这样才能确保行动的理性。所以现实社会中大学生群体行为有鲜明的社会文化特征，他们生活在一个多元多变多样的复杂环境里，他们的思想与行为都容易受到环境或他人的影响，进而产生"随大流"的现象；同时受其心理发展完善程度、信息拥有量、对事物的认知程度等影响，大学生的情绪呈动态化发展，而不是一成不变的。当个人行为融入群体过度时，容易跨过"度"或"阈值"的限制，产生行为过当的情况。这就要求必须从内在和外在两个方面对群体行为进行调控与引导。

从微观方面来看，提升大学生对教育的满意度和信任度会有利于大学生群体行为的合理性；从宏观方面来看，社会主流意识形态的传播、西方各种社会思潮和新媒体的发展，会直接影响大学生群体思维与行为的理性程度。大学生在新时期面对鱼龙混杂的社会环境和网络环境时，由于受到经验、知识基础和思维方式的限制，难以科学地对庞大的知识信息进行判断，容易片面地看待问题，再加上缺乏严格的社会道德约束，一些自制力较差的大学生很容易产生无视社会道德、自我放纵的情况，造成大学生群体行为与思想的混乱，影响大学生思想的健康发展。

1.3.5 关于高校思政课吸引力提升的研究

高校思政课的吸引力主要在于能激发和调动高校学生去接受一定的思想政治观念、政治观点、道德规范的自觉性、积极性、主动性，形成思想政治品德符合一定社会要求的人。通过对中国知网的相关文章进行分析发现，截至 2021 年 12 月，关于"高校思想政治教育"的研究成果很多，共有 23949 篇；以"思想政治教育吸引力"为篇名的文章有 49 篇，其中，涉及"高校思想政治教育吸引力"的 31 篇；关于"大学生思想政治教育吸引力"的共 8 篇文章；以"思政课吸引力"为篇名的文章有 42 篇。在此基础上，本研究将与主题相契合的"思想政治教育吸引力""高校思想政治教育吸引力""大学生思想政治教育吸引力""思政课吸引力"的相关研究成果作为样本进行梳理和分析。从图 1-5 可以看出关于"思想政治教育吸引力"的总体研究趋势。

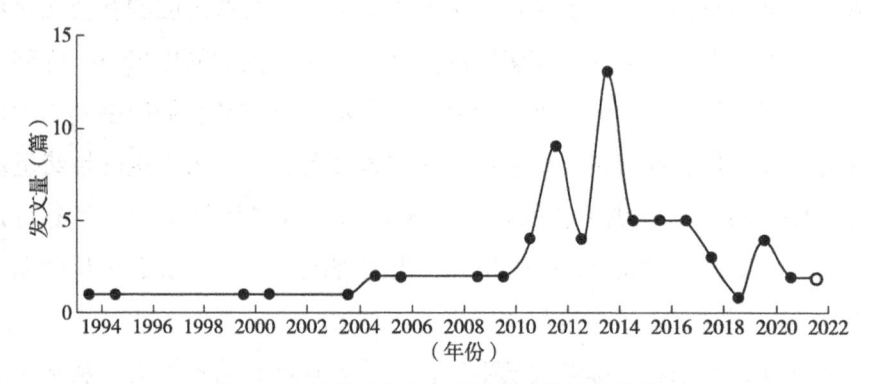

图 1-5 思想政治教育吸引力总体研究趋势

我们通过对研究高校思政课吸引力的相关文献进行搜集发现，研究新时代高校思政课吸引力相关问题的学术文章并不是很多，这些相关研究主要集中在对高校思政课吸引力现状、影响高校思政课吸引力的因素和提升高校思政课吸引力的对策 3 个方面。主要研究成果如下。

1. 关于高校思政课吸引力现状的研究

高校思政课吸引力包括教育目标吸引力、教育内容吸引力、教育方法吸引力、教育主体吸引力和教育环境吸引力。近年来随着中央、地方和高校对思政课的重视程度不断提高，高校思政课的吸引力在不断提升，但其提升效果不理想。作为高校思政课主体之一的教师，其人格魅力的提升也有利于提升思政课的吸引力。相当一部分大学生不再"聆听"教育者的"言语"，甚至产生了一种逆反心理。高校思政课吸引力不高的主要表现为大学生学习内容的理论化、被动化和功利化。高校思政课是对大学生进行思想教育的主渠道，高校思政课有无吸引力，或吸引力的大小，关系着思想政治教育的实效。

2. 关于高校思政课吸引力影响因素的研究

影响高校思政课吸引力的因素是多样且复杂的，传统思政课教学重教条轻反省、重跟风轻文学根基、重形式轻实效、重理论轻现实，直接削弱了思想政治教育的吸引力。高校思政课教师的综合素质不高、教学内容的不科学、教学方法的一成不变、教育环境的负面影响都可能影响高校思政课吸引力的提升；学生自身的心理问题和学生本身的政治心态、政治倾向、政治情感，课程安排与教材内容方面的不合理，也可能影响学生对高校思政课的参与度和认可度，进而影响高校思政课的吸引力提升。

3. 关于高校思政课吸引力提升对策的研究

针对当前高校思政课吸引力不强的问题，在找准影响因素的基础上，结合高校思政课吸引力的构成要素，从教育主体、教育客体、教育介体、教育环体等角度出发，全方位提升思政教育话语主体平等性、主题契合性、形式灵活性、媒介适切性和语境净化性，这样才能使思政教育话语更接地气、更具吸引力，进而更好地满足大学生成长需求和发展期待，创新提升高校思政教育吸引力的路径。同时也要加强一线教师的理论素养和教学能力，创新教育教学模式，不断充实和更新教学内容，智慧导入和设问激发大学生的学习兴趣，发挥实践教学、榜样示范和现代教育技术在高校思政课教学中的作用等。

综上所述，国内外学者关于群体行为的研究成果丰富，利用各个学科的理论和研究工具、方法提出了许多有价值的研究结论；利用问卷调查等方法对大学生行为特性进行了具体研究，对指导高校思政课教育教学有重要意义。但从研究内容来看，在以往研究中关于大学生个体行为的研究较多，关于大学生群体行为的研究较少，且关于大学生行为对提高高校思政课吸引力的研究成果较少，研究视角的覆盖范围有限；从研究方法来看，以往研究以问卷调查和经验分析的方法为主，没有将定性研究、定量研究和其他实证建模相结合，在方法上未做到细致入微。所以，本书结合社会学、管理学、心理学和计算科学的方法，对大学生群体及群体行为的规律开展详细研究，提出基于大学生特性的高校思政课吸引力提升的对策，使得高校思政课有一定的合理性，同时也有一定的必要性。

1.4 研究框架

新时期最大的特征在于经济全球化进程不断加快，多种社会思潮不断融合，多元文化相互冲击，很多错误的思潮和具有颠覆意义的思想打着正义的旗号迷惑青年人尤其是大学生的思想。作为"互联网原住民"的大学生熟练掌握互联网的各种应用，伴随互联网的发展成长，是互联网最忠实的用户，他们独立、积极、主动，有自己的个性与意识，但少数大学生对他人与群体的关注度不够，导致高校思政课"投入产出比"略有失衡，教学效果并不是非常理想。因此，本书基于复杂网络理论，主要研究如何遵循并尊重大学生群体行为的特性与规律，不着痕迹地向其传授思政课的相关内容，让其真心接受、真心喜爱这些内容，以提高高校思政课的吸引力。本书的总体框架见图1-6。

根据以上框架，本书主要从以下几个层面开展具体的研究工作。

第一，研究大学生的成长规律与行为规律。基于复杂网络理论，从行为特性、形成与行为选择、动机与影响因素等角度详细探讨大学生群体行为的规律。

第二，建立理论解释模型。结合人的社会化理论，运用复杂网络模

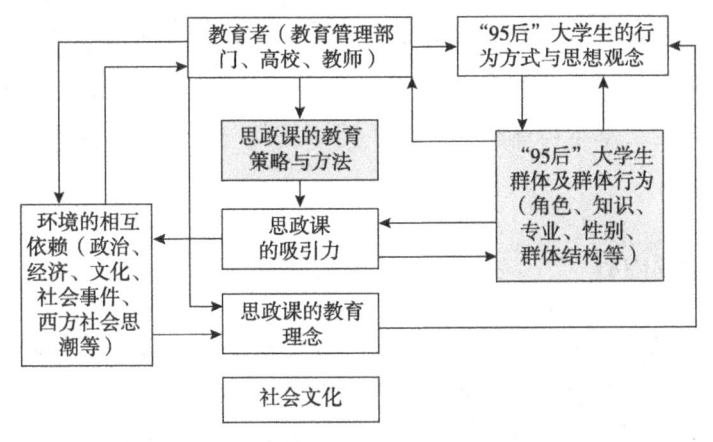

图 1-6 研究框架

型，研究大学生对高校思政课的态度和诉求，建立基于复杂网络的大学生群体行为调适模型和关系结构模型。

第三，进行实证分析、给出对策建议。从大学生和教育者两个角度，结合高校思政课有不同层面的供给与需求关系，充分尊重大学生的成长规律和需求，提出高校思政课教学应从"灌输劝服"转变为"参与说服"的具体对策与建议，力求通过对话与合作，达到提升高校思政课吸引力的目的。

1.4.1 研究思路

青年最富有朝气，最富有梦想，是国家未来的领导者和建设者。"两个一百年"的奋斗目标必将贯穿当代大学生群体的一生，他们将是实现目标最重要的主体之一。当代大学生是伴随着互联网快速发展而成长起来的一代人，在成长过程中受多元文化和新媒体的熏陶，他们极具个性与创新性，有自己的想法，但有一部分大学生却具有较强的功利性，在信息接受、行为参与与态度表达等方面存在认知悖论，表面上接受，但身体力行缺乏实践性，在社会价值与个人价值、精神价值与物质价值之间存在冲突。所以，尽管高校思政课教学方法不断创新，但仍达不到理想效果，未能有效提升高校思政课的吸引力。因此，本书认为，掌握大学生群体行为的特性与规律是提升高校思政课吸引力的重要路径。所以，本书从成长规律到行为规律，从理论框架确立到实证调研分析，最后到给出对策建议，详细地探讨了大学生群体行为的相关规律及其与提升思政课吸引力的关系的相关问题。

1.4.2 研究内容

自"05方案"实施以来，从中央到地方各级教育部门和高校，高度重视大学生思政课工作，各高校成立了独立学院负责思政课的教学与研究工作，建立了完善的教学管理体系、教材体系、教师培养制度等，在政策、制度、资金、人员等方面给予了足够的保障，思政课教育教学的效果有显著提升，但投入产出比较大，未达到预期的理想效果。当"供给侧"的投入与支持充足但却未达到非常理想的效果时，不得不重新思考"需求方"的变化，即新时期大学生的群体行为特点。

基于此，本书提出的核心假设是：新时期受多元文化和多种社会思潮的冲击，大学生群体行为有其独特性，其行为方式与态度、思维习惯与方式极大地影响了高校思政课教育教学的有效性。只有掌握了大学生群体行为的规律，才能"对症下药"，提升思政课的吸引力。

基于以上假设，本书主要研究以下内容。

第一，探讨当代大学生的成长环境、成长规律及其对高校思政课的态度。利用实证研究方法，结合人的社会化理论，全方位剖析大学生的成长环境及成长规律，并研究在新媒体与多元文化相互融合的背景下，当代大学生群体对高校思政课的态度。

第二，研究当代大学生群体行为形成的内在逻辑。运用社会化理论和复杂网络理论，分析新时期大学生的成长环境、社会环境以及各种社会思潮对其行为、思想、自我认知及群体行为特性的影响，探讨大学生群体行为形成的内在逻辑及其在理论接受和行为表现方面存在的认知悖论。

第三，研究当代大学生群体行为互动机制与行为选择机制。运用复杂网络的传染理论，结合社会学、心理学和组织行为学的理论，阐释大学生群体的形成互动过程与机制；探讨个人特质与环境的变化是如何影响大学生群体行为走向的，研究阿比林悖论对大学生群体行为选择的影响。

第四，研究当代大学生群体行为的动机与影响。从大学生和教育者两个角度建立基于复杂网络的群体行为关系结构模型，探讨不同行为方式对大学生群体行为动机的影响。

第五，提出提升高校思政课对大学生群体的吸引力的对策与建议。在充分考虑宏观、中观与微观因素的基础上，遵循和尊重当代大学生的成长发展规律，提出提升高校思政课吸引力的具体对策与建议。

1.5 概念界定与理论考察

1.5.1 概念界定

1. 吸引力的定义

"吸引"的含义是将不属于自己的力量或其他人的注意力转移到自己身上。"吸"具有吸取、吸住、相吸等多种意思，"引"具有引发、引领、指引等多种意思，吸引就是受到启发、接受教育、抢眼的一个过程。关于吸引力的定义，大多数学者是从物理学和心理学角度入手分析的，不同学者的表述基本一致，将"吸引"的意义与思政教育相结合就是往思政教育目标的方向引导，也就是说，在大学生对思政教育目标产生浓厚兴趣时，思政教育目标就会成为引导大学生的一股强大力量，拥有此力量的大学生相对而言会更加坚定自己的方向，朝着既定目标努力、奋斗。这就是一种向心力，以吸引物为中心，说明其具有一定性质能够让大学生为之奋斗，也说明它可能是大学生追求的目标，深受大学生的喜爱。

2. 高校思政课吸引力的内涵

教育发展的最高境界是吸引教育，且大多数从事教育工作的人员对吸引教育有了更多的关注及理解。吸引教育是具有时代性、民主性的新型教育理论，其主要体现在教师民主化的教学和师生之间的平等性上，教育自身就具备一种强大力量，使课堂教学更生动化与形象化。在"05方案"之前开始高校思政课改革时，其实并没有过多提及关于高校思政课吸引力的问题，研究关于高校思政课的吸引力，是由高校思政课发展过程中的需求决定的，它要求高校思政课教学必须与时俱进，不管是对学生还是对社会，都应该具有一定的影响力。

高校思政课的吸引力就是高校思政课教师通过教学方法和教学载体把受教育者——大学生的注意力、情感、观念等吸引到自己所传播的内容上的力量。高校思政课吸引力的要素中包含的内容是复杂多样的，主要是由于高校思政课教学活动的多样多元性。探讨高校思政课吸引力的构成要素，我们首先要从思想政治教育的构成要素进行分析。我们通过对相关文献进行分析发现，当前学术界对思想政治教育要素的问题有多种不同的观点，主要包括三要素说、四要素说、五要素说、六要素说、八要素说等，不同学者的出发点不同，其对思想政治教育包含要素的界定也不同。

沈壮海教授认为："思想政治教育的活动过程存在思想政治教育主体、思想政治教育客体、思想政治教育介体以及思想政治教育环体等四要素，教育者为思想政治教育过程的主体，受教育者为客体，思想政治教育内容和方法为介体，社会环境及其提供的支撑条件为环体。"由于本书主要评价的是高校思政课吸引力，与思想政治教育活动略有差异，所以我们结合教学评价的相关内容来确认高校思政课吸引力应该包括的主要内容。

吸引力是思政课教学活动的直接结果，是评价思政课教学有效性的态度维度。刘凤英认为，思政课吸引力是一个综合性系统，主要包括思政课教师的吸引力、思政课教育目标的吸引力、思政课教学内容的吸引力、思政课教学方法的吸引力、思政课教学氛围的吸引力。赵兴认为，高校思政课吸引力的构成要素包括教育主体、教育内容、教育方法、教育载体和教育环境等。刘夫楠认为，高校思政课的吸引力包括教师的吸引力、教学内容的吸引力、教学方法的吸引力、教育环境的吸引力和大学生的主体能动性。从这些学者的研究结论中不难看出，虽然不同学者提出的思政课吸引力的构成要素有差异，但主要内容和核心方向基本是一致的，差异比较小，且内容包含得也是比较全面的。

所以，本书在综合考虑思想政治教育活动的要素和吸引力评价的内涵的基础上，结合大学生的特征与成长需求，认为高校思政课吸引力主要包括思政课教育主体的吸引力、思政课教育对象的参与度、思政课教学内容的吸引力、思政课教学方法的吸引力、思政课教育环境的吸引力、思政课教育目标的吸引力。后续关于大学生对思政课的态度、高校思政课吸引力现状和存在的问题等的分析，都会围绕这个定义进行。

3. 大学生群体行为

符号互动理论认为，群体行为是通过个体协调合作产生的，群体中所有潜在成员都会参与这个过程，这一个"循环反应"的过程。构成这个群体的个人不管是谁，他们变成了群体这个事实，使他们获得了一种集体心理，这使他们的感情、思想和行为变得与他们单独一个人时颇为不同。若不是群体形成，有些闪念和感情在个人身上根本就不会产生，或不可能变为行动。在群体中，成员的相互促进和相互作用的反应会刺激某一个成员，这个成员会根据刺激的程度进行反射，并在群体成员中相互传染和相互影响，形成群体行为。

紧急规范理论认为，群体成员是互相模仿的，在模仿中创造了新的规范，集群行为是成员的决策过程。弗芬德·亨利·奥尔波特认为，在人群中个体的行为就像只有他一人，群体成员的思想经过长时间的相互作用和磨合，有较大的相似性。个体行为会受群体中周围人的行为影响，使人们的行为有一定的类似之处，进而产生群体行为，因此，群体行为是个人思想行为的产物。所以，群体行为是基于决策理论的。根据决策理论可知，每一个人总是试图最大化奖励，最小化成本，群体行为也不例外。

从博弈的角度来看，群体中每个人都有一定的利益导向性，在行为选择中会采用极大极小策略，更多的参与者会参加群体行动，而不会选择个别行动；通常由于个人获取信息的有限性和对信息分析能力的有限性，个人的决策往往会参考或依照他人的决策而形成，即个人的付出是别人行为的一个函数，因此，每个人都会选择多数人的行动，使得群体行为有一定的相似性。

在我国，群体行为的形成与特性往往与群体性事件相结合。魏玖长等通过对我国近年来发生的 40 例群体性事件进行总结分析发现，群体性事件的形成会分成形成阶段、强化阶段、执行阶段和解体阶段 4 个阶段。群体行为是非正式的，具有一定的诱导性，并且是短期行为，有较大的随机性和非固定性，所以会对社会秩序产生一定的负面影响。群体行为是由目标、组织、人员等基本要素组成的，同时群体行为的形成具有一定的自发性和自组织性，无序中又有一定的秩序，在不稳定中会形成稳定的元素。

大学生的群体行为分为有组织的群体行为和无组织的群体行为。有组织的群体行为是指大学中某些社团组织成员因某种事件所引发的群体行为；无组织的群体行为常常是指因学校或有关管理部门处理某一件事情不当而与学生发生误会，或者某种管理行为侵犯或影响了部分学生的权益，而在一段时间里没有给予学生合理的解决方案或答复的情况下而发生的行为。

基于国内外学者对群体行为、大学生群体和大学生群体行为的界定与分类，本书针对的大学生群体行为可以从两个方面解释：一是大学生群体的行为，将大学生群体视为一个独特的群体，这个群体有其独特的行为特征；二是大学生的群体行为，这是从群体行为的视角出发的，这个视角更多的是将大学生视作一个整体，分析其行为形成、互动、变化的过程，以及其给高校思政课吸引力带来的影响。本书对这两个方面均有研究，但是更为重要的是，不管是研究大学生群体的行为，还是研究大学生的群体行为，最终都是基于大学生的行为特征分析其对高校思政课吸引力的影响。

1.5.2 理论考察

1. 复杂网络理论

随着近代社会的不断发展，以及各类科学问题的增加，简单的手段与思想无法解决我们所面临的多样化问题，所以关于复杂网络和复杂性科学的研究不断兴起。关于复杂网络的研究可以追溯至 18 世纪对哥尼斯堡

"七桥问题"的讨论，其相关理论得到不断发展的标志性事件是 1998 年 Watts 和 Strogatz 发表《小世界网络中的集群行为》一文。在该文中，他们将规则网络扩展到随机网络，并通过理论与实践的方法，提出小世界网络所具备的基本特性。1999 年 Barabási 和 Albert 提出无标度网络，认为现实中的许多网络是复杂的，它的分布不具备规则性，其连接度分布具有幂律性。表 1-3 是复杂网络的研究过程具有标志性影响的成果。

表 1-3 复杂网络研究过程标志性成果

时间（年）	人物	事件
1736	Euler	七桥问题
1959	Erdos 和 Renyi	随机图理论
1967	Milgram	小世界实验
1973	Granovetter	弱连接的强度
1998	Watts 和 Strogatz	小世界网络模型
1999	Barabási 和 Albert	无标度网络模型

除了理论研究外，学术界对复杂网络的相关研究也在不断扩展，更为重要的是将其基本理念和模型运用到图论、物理学、计算机、心理学、生态学、生物学、人口学、传播学、社会学、经济学、管理学等多个学科中，用于解决在日常生活中遇到的问题。

钱学森是我国最早开始研究复杂网络和复杂性科学的学者，他认为，一个具有自组织性、自相似性、吸引子和小世界、无标度中部分或全部性质的网络即为复杂网络。这个定义对复杂网络的基本特性和具体要素进行了描述，但较为抽象。复杂网络是现实与虚拟的相结合，在其中有数量巨大的节点，这些节点是真实可见的，我们需要做的是通过各种方式认识这些现实节点之间以虚拟化形式存在的真实关系与结构。一般来说，我们倾向于用数学和计算机的方法来详细描述复杂网络。所以，根据图论的基础知识，郭进利认为："假设$\Omega = \{(V, E) \mid (V, E)$ 是有限图$\}$，G 是从 $[0, +\infty)$ 到 Ω 的映射，则对于任意给定的 $t \geq 0$，$G(t) = V(t)$，$E(t)$ 是一个有限图，$n*(t)$ 表示到时刻 t 网络已发生变化的总次数。如果

$\{n*(t), t \geq 0\}$ 是一个随机过程，对于充分大的时间 t，称 $G(t) = V(t)$，$E(t)$ 是一个复杂网络。记 $N(t) = |V(t)|$，$M(t) = |E(t)|$，$\lim\limits_{t \to \infty} E[N(t)] = n$（无穷或有限），其中，$E[N(t)]$ 表示网络在时刻 t 的节点平均数。"这个定义比较具体，它用图论的概念诠释了复杂网络的基本特性。

关于复杂网络的定义虽然不同学者在具体定义上有着较大差别，没有形成一个统一的概念，但从整体来看，学者们对复杂网络的基本理念认知是一样的，复杂网络中节点关系复杂且多样化，节点具有自组织性，能够相互吸引，节点的行为与态度处于不断变化之中。在现实世界中许多网络都是复杂网络，高校思想政治教育网络作为一个有教师、学生、管理者、政策和复杂环境参与的网络，也是一个复杂网络，成员多、关系相互交织且不断变化，网络中的用户个人关系网络、教育关系网络和满意度关系网络以及相互影响的关系网络等，都是复杂网络。本书以此为前提，对大学生群体行为与思想政治教育吸引力的相关问题进行研究，探讨大学生群体行为和思政课吸引力作用影响的复杂性，进而提出相应对策。

我们处于一个多样化的复杂网络，生活中各个方面都存在着较多的复杂网络：吃的食物存在分子网络，交通工具存在交通网络，工作流程存在合作关系网络，人与人的交往存在人际关系网络。这些网络都是复杂的、多样化的。思想政治教育对大学生的吸引力，也是一个复杂问题，有政策引导方面的问题，有教育方面的问题，有大学生层面的问题，还有教育者层面的问题。所以本书基于复杂网络的基本理论、基本思想和基本观点，探讨解决这一复杂问题的对策。

2. 马克思关于人的全面发展理论

马克思曾指出，人的自由而全面发展是建设社会主义的终极目标。人的全面发展最开始是指人的劳动能力的全面发展。马克思和恩格斯认为，人正是因为有了不断产生的需要和不断满足需要的行动，才能充分发挥其本质力量，以此促进人的全面发展和整个社会的全面进步。随着该理论不断发展，将其与教育发展相结合，又可以包括人的能力的全面发展和人的需求的全面发展。

人的能力的全面发展是人实现全面发展的核心。人的能力是人内在本质力量的外化，人通过社会生产实践不断创造和更新社会关系并且对这些被创造和更新了的社会关系加以支配和运用，这就需要具备相应的能力。任何人的职责、使命、任务就是全面发展自己的一切能力，其中包括思维能力。从这个维度来看当代大学生的成长与发展的过程，其群体行为具有时代性和独特性。这在很大程度上取决于他们成长的互联网社会，而且他们的父母成长和生活在20世纪90年代，给他们创造了较好的生活条件，让他们在性格和行为上更加有主见，更加独立，也更愿意尝试不一样的事物。当然，这种行为特性是处于不断变化中的，因为从人的潜能的丰富性来看，只要人类延续下去，人的发展可以是无止境的，所以大学生对于社会的需求与要求是处于变化中的。那么，大学生对高校思政课的要求也是处于变化中的，故高校思政课在教学内容、教育目标、教学方法等方面也需要不断改变，这样才能满足当代大学生全面发展的需要，提升高校思政课的吸引力。

3. 社会需求理论

当需求放在具体的社会中实现时，需求就不仅是个人层面的愿望和需求，而是整个公众群体层面的愿望和需求，具有一定的公共性，即公共需求或共同需求。个体、集团、国家（社会）的关系通过需求而深刻地相互影响着。黑格尔在《历史哲学》中指出："我们对历史最初的一瞥，便使我们深信人类的行动都发生于他们的需求、他们的热情、他们的兴趣、他们的个性和才能。当然，这类的需求、热情和兴趣，便是一切行动唯一的源泉——在这种活动的场面上主要有力的因素。"

英国学者布拉德肖将个人需求和社会对个人需求的影响联系起来，提出了4种类型的个人需求：①感受性需求，即个体感觉到的某种需求。并非所有需求都可以说出来，可能因为个体不想说出来，也可能因为某种权力阻碍了这种需求的表达。②表达性需求，即个体表达出来的需求。被表达的需求是大家都知晓的需求，此类需求是现实的，并非被隐藏起来的需求，也不是受到权力压迫而不愿意表达和无法表达的需求。③规范性需求，即由专业人员对需求做出的判断。它是由某种专业标准衡量出的需求，职业顾问可以确定客户可能承受、拒绝或无法理解的需求。④比较性需求，即通过个人或群体之间的对照产生的需求。引入一个相对判断的概念，该需求是指一群人与自己相关的另一群人进行比较而表现出来的需求。两个相似的群体，如果只有一个得到某种利益或服务，没有得到福利的群体此时被不公正地剥夺了并处于相对需求中。简言之，感受性需求并非要表达出来，需要充分考虑主观因素；表达性需求也并非个人真正感受到的需求；专业人员对他人需求的规范性判断或界定可能与当事人自身的感受有很大的差异；比较性需求会有一个参照目标，需求被剥夺会对个体造成伤害。

关于大学生对高校思政课教育内容与方式的需求，感受性需求、表达性需求、规范性需求和比较性需求都存在，在不同时期、不同阶段，这些需求的表现程度是不同的，同样，这些需求的满足程度也是不同的。在高校思政课教学活动开展过程中，大学生的感受性需求也是不断变化的，这种变化与社会宏观环境和技术环境的变化有关，与大学生自身的特点和学习要求相关，与大学生接受的教育等也是密切相关的。

从社会需求变化的角度来看，大学生感受性需求与表达性需求处于同时变化的过程中，当社会环境更加开放自由，人们的物质生活得到更好的满足时，当人们对于精神文化的生活要求更高时，以及当教育管理部门在提供教育内容与资源时，更多地、更好地聆听大学生的声音时，会允许大学生参与到高校思政课教学过程中，大学生也可以开始享受表达需求的权利，但是最开始这种表达性需求会受政策和大学生的意愿影响，大学生表达出的需求与感知到的需求仍存在一定的差距，仅在一定程度上保障了大学生表达的权利，即大学生表达出的需求只有部分得到了满足，也就是说，高校思政课的教学内容或教学方式并没有完全满足大学生的需求，教学内容和教学方式等仍有待进一步优化。

从社会需求比较的角度来看，比较性需求的存在说明高校提供的思政课教育会存在比较的可能性，如果供给与需求之间存在较大的比较差异，可能会让受教育者产生一种"相对剥夺感"：为什么别人表达的需求能够得到满足，而我的没有被满足呢？为什么别人的意见会受到重视，而我的却没有被重视呢？所以，比较性需求的存在会让大学生以某种标准作为参照物进行对比。当大学生进行对比时，如果处于劣势，则会产生剥夺感，这种感觉会生成负面情绪，表现为大学生对高校思政课的低满意度和负面评价；反之则会让大学生有较高的满意度并给出正面评价。高校在开展思政课教育教学的过程中，除了要满足规范性需求外，还必须满足表达性需求、感受性需求和比较性需求，在制度设计与具体的教育实践中，都必须确保公开、公平、公正，充分考虑大学生的各种需求。

4. 新社群主义理论

阿米泰·埃兹奥尼是公认的新社群主义运动创始人。《负责的社群主义政纲：权利和责任》的发表，标志着新社群主义的出现。新社群主义理论的核心论点包括社群共享、权利与责任并重，强调公共道德。负责的社群，既关注被良好建立起来的社会，也关注成员与全面的民主化，社群精神与宽容、公平、法治、人权等价值观相容，并非强制产生，而是民主参与的产物。社群共享的关键在于责任和权利的平衡。在强调个人责任的前提下，实现权利与义务、集体责任与个人责任之间的平衡，把尊重个人权利与期望成员履行责任结合起来，既要对自己负责，也要对其他的社会成员及整个社群负责，鼓励公众参与，民众应该明确个人权利，同时也应当承担社会义务。用平等、包容、友爱、互惠等道德价值观来矫正个人主义价值观，实现公共美德与个人权利之间的合理均衡。

新社群主义理论试图在自由主义和社群主义之间探索新的道路，关注社会力量和个人之间、社群和自主性之间、个人权利和社会责任之间的平衡。新社群主义的出现打破了市场私人行动和国家集体行动二分法的局限性。要深入理解新社群主义，需要厘清它与自由主义、旧社群主义之间的关系。

新社群主义理论建立在旧社群主义理论的基础上，两者存在共性与差异。旧社群主义关注社会力量、社会、社会关系的意义，新社群主义关注社会力量与个人、社会群体与个体自主性、个人权利与社会责任之间的关系。新社群主义认可如下 4 种价值：个人神圣性、团结一致、互补性结社、参与既是权利也是责任。社群的价值观并非由外部或内部少数或精英强加上去的，而是通过社群内部对话产生的。新社群主义与旧社群主义界定的"社群"具有共性：包括人与人之间的感情、人的信仰和政治归属等关系，享有完整的生活方式，并非为了分享利益而组合在一起；社群成员彼此的利益关联度大；关系、义务、习俗、规范、传统等因素对社群成员间认同具有重要影响。

相较于旧社群主义，新社群主义更强调回应性。回应性是指社群对成员的权利保障和利益诉求能够给出积极的回应，旧社群具有较强的压制性与权威性特征，对社群成员的权利保障和利益诉求的回应程度有限。此种回应既包括对社群成员的权利保障，其中对社群成员参与权利的保障是一种过程参与，是对程序合法性的保障；也包括对社群成员的利益诉求的保障，这是一种结果参与，是对结果合法性的保障。

相较于旧社群主义，新社群主义更强调开放性。开放性是指社群中既包括本社群中的成员，也可以包括其他社群中的成员，蕴含着多元力量参与、包容性强、不排斥可以被吸纳的积极力量等思想。旧社群主义具有较强的单一性、排斥性。

高校思政课吸引力的提升不是教育者或者大学生在唱"独角戏"，需要从大学生的群体特性以及教育者与大学生群体的关系的角度出发，一切社会力量都可以融入高校思政课吸引力提升的过程中，其中不仅包含大学生群体，同时也应该包括国家、教育管理部门、高校、教育者等各类不同主体，不同主体在其中所发挥的作用和扮演的角色是完全不同的。他们参与高校思政课吸引力提升的方式方法也是完全不同的，教育者能否有效回应大学生对于高校思政课的诉求，将直接影响高校思政课建设的有效性，进而影响高校思政课的吸引力。所以，本书从马克思关于人的全面发展理论、社会需求理论和新社群主义理论的角度，运用复杂网络的方法，为高校思政课吸引力的提升提供了一种新的研究视角，同时也从需求和回应的视角研究了吸引力提升的对策。

第2章

成长规律：当代大学生群体的基本特征

高校思政课教学活动在开展过程中是受各方面的要素影响的，当然这其中，大学生群体作为受教育的客体，会直接影响高校思政课的教学效果。这就要求我们在研究提升高校思政课吸引力或者增强高校思政课教学效果的过程中，必须从大学生群体的特性入手，了解当代大学生的行为特征、生长环境和成长规律等，才有可能找到提升高校思政课吸引力的有效路径。

本章从高校大学生的成长环境和成长规律入手分析主要是基于社会学中"社会化"的概念。社会化是指一个个体在特定的社会文化环境中，学习各种技能、价值观等的行为方式与行为特点，并积极作用于社会化的过程。每一个人在成长与发展的过程中，都必须要经历一个社会化的过程。社会化是个体或个人从家庭走向社会、从私人生活走向社会公共生活的过程，也是个体或个人融入社会生活、融入现实的起点。在人的社会化过程中，一方面个体或个人会接收来自社会的文化、行为、技能、观念、价值观等，被社会公共环境或者周围的其他人影响，进而实现个人去适应社会的目的；另一方面，个体或个人会用自己的行为、价值观、技能等影响周边的其他人或者社会环境，可以起到影响社会、改造社会的作用。也就是说，社会化的过程是一个社会适应的过程，也是一个约束和控制的过程。由此可以看出人的社会化的重要性，也说明了个体与社会环境互动性的存在。

人的社会化过程是受不同因素影响的，这里可以从主观和客观两个层面来分析。从主观层面来看，人的社会化受到遗传、学习能力、思维方式等属于个人先天习得性要素和后天完善的少数因素影响；从客观层面来看，人的社会化受到家庭成长环境、学校学习环境、朋辈和社会媒介等方面的要素影响。从这里我们可以看出，高校思政课对大学生群体的吸引力，不能简单说受教育内容、教育方式和教育环境等方面的因素影响。这些因素固然重要，但是大学生群体自身的因素也对高校思政课吸引力的提升至关重要。所以本章主要从大学生群体的成长环境、成长规律和心理特征等方面来分析当代大学生群体的基本特征，为后文分析高校思政课吸引力提升的客体要素提供理论支撑。

2.1 大学生群体的成长环境

成长环境是一个人从小到大所历经的各种环境，这包括家庭环境、学校环境以及社会环境等。成长环境对一个人的影响是巨大的，不管是在心理、认知过程方面还是在处事态度上，都会映射出其成长环境，如原生家庭的幸福与否对孩子心理造成的影响等。从人的社会化过程的相关理论可以看出，一个人的成长一定会受到周围环境的影响，而这种环境的影响是复杂的、多样的，这种环境主要包括家庭环境、学习环境和社会环境。

当代大学生群体出生成长的时期是中国特色社会主义市场经济快速发展的时期，国内环境比较开放，国外各种社会思潮、新兴产品流入国内并影响人们的工作与生活。在这一时期，国外思想与文化对大学生的影响很大。随着经济的突飞猛进，西方的某些思想观念传入中国，进行潜移默化的意识形态渗透，打着民主和自由的口号对中国进行"西化"和"分化"的渗透，传播反动言论、丑化党的历史，抹黑中国。基于这种情况，以及受多元复杂思想、文化与观念的影响，虽然大学生思想政治教育的效果与状况是好的，但也存在少数大学生对思想政治教育内容的接受度不是很高的情况。这种情况是值得我们高度关注和重视的。

整个社会氛围允许多样化思想的出现，社会环境开放，校园环境活跃，大部分大学生生活在宽松的环境中，这给了大学生更多表现自己的机会，让广大年轻人的个性充分展现，使得整个社会环境活跃、思想积极，给大学生的成长成才奠定了良好的思想与环境基础。所以本节详细分析当代大学生的成长环境和成长背景，从主体角度来分析高校思政课吸引力的影响因素。

2.1.1 家庭环境

1. 家庭经济条件

（1）大学生成长的时代环境赋予的家庭环境特性。当代大学生的父母多数受国家"计划生育"政策的影响，大多数家庭基本只有一个孩子，只有少数家庭有多个孩子，所以大多数家庭没有较大的养育子女的负担，再加上家庭物质条件比较好，家里所有的收入都用于一个孩子的抚养与培养，所以当代大学生群体在成长过程中，成长环境和成长条件都是比较好的。同时，家长也会给孩子提供较好的精神文化氛围，让孩子上各种兴趣班，培养孩子的兴趣爱好，让孩子更加多才多艺。除此之外，家里的长辈会对孩子比较偏爱，使得少数孩子自我意识强，习惯了受人关注与重视，导致其团队合作能力、分享精神不够，有时不为他人着想。

（2）大学生父母的成长环境及父母赋予的成长条件。大学生的父母大多是"70后"，基本上都享受到了改革开放的成果与红利，大多数人的青少年时期为改革开放时期，所以很多父母接受过系统的学校教育，也接受了高等教育，甚至有的还留过学，有一定的科学文化知识和较高的素质。所以，这一代的父母成长在改革开放较好的年代，家庭物质条件在不断好转，经济条件也在不断变好，他们思想开明，对社会的认识比较全面，也愿意接受很多新事物的挑战。因此，当代大学生的父母一般比较重视对孩子的教育与培养，在教育投入方面比较舍得，对孩子的教育也愿意付出较多的时间和精力。他们对孩子的教育和培养是全方位的，一方面会给孩子很大的成长空间，尊重孩子的个性，充分释放孩子的天性，使其得到全面的发展；另一方面会尽全力让其接受好的教育，给其提供好的物质条件，让孩子没有后顾之忧，能够在思维和行为上比较自由，所以造就了孩子开放自由的性格。

2. 家庭沟通方式

每个人的成长都离不开家庭，家庭伴随着人的一生，家庭环境对人的身心成长起着潜移默化的作用。在家庭的正确影响下，大学生更容易形成正确的人生观和价值观。从埃里克森人格发展的 8 个阶段理论中可以看出，自我同一性的形成确立是与其他环节相联系的，人只有在婴幼儿及儿童期得到良好的连续性发展，才会较好地避免同一性危机。因此家庭对同一性的获得起着极为重要的作用。假如家庭环境较复杂，父母关系恶劣、亲子关系不融洽、家庭气氛紧张以及亲人的突然死亡等，都会给大学生的心灵造成创伤，使得大学生不愿面对现实，进而产生逃避或厌恶的心理，可能会导致极端行为的产生。

当代大学生群体的成长环境相对比较自由开放，其家长大多数也是接受过高等教育的，所以家长对于孩子的管理方式也是比较自由松散的，虽然对孩子有较高的要求，但是也会给孩子相对较多的自主空间，使其能够充分按照自己的意愿安排自己的学习、生活，而家长也能够给予其充分的理解，家长与孩子之间的关系除了是父母与子女的关系外，也是朋友关系，是一种能够平等对话的关系。父母对孩子不仅仅是管教，更为重要的是，父母有能力、有精力倾听孩子的声音和想法，了解孩子的诉求，也能够引导孩子表达自我和展现自我。这种平等、轻松和开放式的亲子关系和家庭沟通方式让大学生群体在成长过程中更加自信，不仅敢于表达自我，敢于面对各种挑战问题，还很有兴趣参与未知世界的探索，并且还使其想法更加开放，也给其后来形成多样的性格特征和思想特点奠定了基础。

2.1.2 学习环境

在学生的成长过程中，除了家长外，学校老师对学生的陪伴最多。学校作为教书育人的场所，在学生的成长过程中扮演着不可或缺的角色。九年义务教育的普及保障了大学生群体的基本学习需求，但其在接受教育的过程中以应试教育为主，在学习过程中也习惯了老师照本宣科的教学方式。

1. 学习环境的变化

自 2000 年以来，从基础教育到高等教育，国家对教育的重视程度日趋增加，国家、省级教育管理部门和学校等都在不断改革教学方式，发展创新教育模式，以充分保障学生的学习需求，满足国家战略需求，服务社会经济发展。随着我国对教育的重视程度不断提升，各级各类学校也在不断完善教学设施、更新教学设备，极大地改善了教学环境。

大学生群体恰巧生长在师资力量充足、教育环境优质的时代，并且现阶段我国实行的教学改革，利用多平台开设教学，更有利于大学生群体的学习，也更有利于大学生全方面提高自身的综合能力。所以，客观的教育环境、教育政策的改革为大学生群体提供了接受不同知识与信息的机会和平台，让其能够接受多样化的学习方式，使其在成长过程中更加开放、多元和多样。不管是学习内容，还是学习方式，相较于以往都是一种突破。

2. 学习方式的变化

家长管理方式的变化影响了大学生的学习方式。相对于"80后""90后"的父母而言，当代大学生父母所受的教育程度普遍更高，父母的教育是一种陪伴式的、寓教于乐式的教育，这样使得大学生对于学习的自主性明显提高，其学习不再是家长强制性的学习，而是更加主动和自主的学习。这种学习方式在提高大学生积极性与自主性的同时，也让其能够全方位锻炼个人能力。

互联网丰富了大学生的学习渠道。当代大学生是伴随我国互联网成长起来的一代人，他们身上有着极强的网络时代的"烙印"，他们对互联网非常熟悉，也很愿意利用互联网获得各种各样的信息与知识，从小到大的学习中都有一定的互联网痕迹，能够通过网络浏览自己需要的知识，不再拘泥于从课本中学习知识，也能够从互联网中获得多样化的知识，丰富其知识面，达到拓展视野的目的。

社会培训机构的发展拓展了大学生的学习兴趣。自 1996 年面向中小学生的 K12 在线教育兴起以来，服务于个体职业提升的在线职业培训、面向成人的高校网络教育试点，以及 2013 年开始迅速发展的 MOOC 依次兴起，我国在线教育逐渐形成了覆盖各个群体和服务领域，网络学历教育培训与非学历在线培训协同发展的格局。

2.1.3 社会环境

当代大学生成长在我国经济飞速发展、科技不断进步、文化不断自信、国际影响力不断增强的年代，也是互联网飞速发展的时代。这些对当代大学生群体的学习、思想、行为等方面都产生了重要的影响。

1. 多元文化的碰撞

随着全球化的深入发展与国际交流的日益加深，我国与其他国家的合作几乎涵盖了经济、政治、文化的方方面面，在促进经济发展的同时，也带来了文化间的相互碰撞。进入 21 世纪后，我国的改革开放进入新阶段，我国实行全方位开放的政策，加入 WTO，与外国在政治、经济、社会、文化等方面的往来日益密切。青年学生对外国思想文化的学习不再像 20 世纪那样对某一方面情有独钟，但西方的生活方式仍然被我国的一些青年人所追求和模仿，流行音乐、奢侈品、流行服饰仍然吸引着我国的很多年轻人。

与此同时，随着中国人生活水平的提高，中国的时尚用品逐渐与国外同步，对西方生活方式的追逐在中外文化交流中不再是主流。对青年更有吸引力的是西方先进的信息科技和教育理念，因此，留学和到外国接受教育成为一些年轻人的新目标。而这一阶段，也正是当代大学生成长的黄金时期。他们接受了学校的传统文化教育和中国文化的相关教育，更为重要的是，在他们刚刚开始自主认识外来世界的时候，也接触了来自西方国家的各种新思想、新观念，而这些新思想、新观念可能与其接受的传统书本知识是相悖的。这种多元文化的碰撞就可能导致其价值观的冲突和对原有价值观的质疑，所以当代大学生的价值观在一定程度上会受到西方文化的影响，呈现出多样性和不稳定性。

多元文化的交流与融合发展是一把双刃剑，在交流传承文化、去糟取精方面具有一定的正面影响，但也带来了种种弊端，尤其是对大学生这种初入社会、易受他人影响的群体。随着国际交流程度的日益加深，"过洋节""留学热""欧美风"等可以看作西方文化的渗透表现。所以从多元文化视角关注其对大学生群体思想和价值观的影响是至关重要的。

2. 社会经济的快速发展

根据人的社会化理论可知，人成长的社会环境特性在一定程度上会影响一个人的思想与行为。当代大学生成长在21世纪头二十年中国经济发展速度最快的时候。一方面，他们见证了国家的迅速发展，以及人们生活的一步一步改善；另一方面，社会环境的变化也影响了他们的生活环境、学习环境和价值观念等。

经济体制的改革给社会改革提供了经济支撑，为增强国家软实力提供了经济基础。随着中国特色社会主义市场经济体制的逐步确立，人们的价值观念也发生了变化。受网络文化的影响，大学生在人生目的的确立、追求目标的手段，以及对实现目标手段的评价上，以及在幸福观、道德观方面表现出的个体差异越来越大。大学生群体见证了我国经济实力的变化，在享受全方面发展机会的同时，他们之间也存在着一种互相攀比的现象。在市场经济的背景下，多种价值并存，使得少数大学生出现多元价值的选择混乱状况。

3. 互联网的快速发展

正如德国技术哲学家F. 拉普所说："技术是复杂的现象，它既是对自然力的利用，同时又是一种加速社会文化形成的工具。"任何新技术的产生、传播和利用都与特定的社会文化因素有关，社会文化环境不仅提供了人们选择某项技术的标准与方式，而且随着这种技术制度化及其秩序体系化的形成，还将作为一种新型的社会文化生活空间而影响整个社会文化大系统。

当代大学生是随着我国互联网一起成长的，所以他们不是简单的网民，而是"互联网原住民"，整个互联网已经融入他们生活的方方面面。他们追随互联网和新媒体的发展，无论是对于互联网的最新应用，还是对于互联网中的思想观念，都表现出了浓烈的兴趣。与此同时，整个互联网的开放与自由也给他们创造了开放的环境,他们在网络中思想活跃,积极参与各种讨论,全面展现他们的个性与思想。他们也能够熟练运用互联网,为其快速获取互联网知识奠定了基础。

随着科技的不断进步,当代大学生亲历了我国互联网几乎从零起步到现在完全共享的状态。互联网带给大学生一种全新的体验,信息能够随时获取使得该群体的成长经历更加丰富,网络世界的虚拟性特征给大学生网上交流提供了极大的自由度。一些大学生可以完全隐匿其真实身份而畅游其间,有时对现实社会生活中的某些事件有不满情绪时,可能也会在互联网中发布虚假信息或不实言论,可能会对互联网环境产生负面影响。同时,互联网的复杂性又会使得一些未经筛选的信息很容易被该群体迅速接受并吸收,导致该群体发布一些偏激的言论或做出一些偏激的行为。

由此可见,不管是宏观的社会经济发展环境、文化环境,还是融入当代大学生生活和学习的互联网发展环境,都可能对其行为、价值观、思维方式等产生影响。这也就是我们为什么要了解当代大学生群体的成长环境,从原生家庭到学习环境,从社会发展到生活环境,各个方面的共同作用就可能塑造出完全不同的人。

2.2 大学生群体的成长特征

当代大学生群体见证了我国富起来、强起来的过程,代表了我国精神文明建设、物质文化建设的新生力量。在改革开放深化的进程中,社会、家庭、校园等方面都深深地影响着大学生群体的成长,使得其在性格特征、行为特征和价值观等层面都有完全不同的表现方式。本节结合对大学生群体成长环境的分析及相关调查结果,探讨其成长特征的规律。

2.2.1 性格特征

面对传统教育与新式教育的碰撞、虚拟网络与复杂现实的矛盾,大学生容易陷入网络与现实、自主与传统间的矛盾，他们一边享受着网络教育带来的成果，一边又面临着多元化文化价值观的冲击，大学生群体扮演的学生角色与拥有的历史地位有了新的变化与特点。

1. 追求个性化

当代大学生群体生长在网络时代，追求个性解放、向往自由，是其区别于其他大学生群体的突出特点。当代大学生的生活条件优渥，处事不以物质为参照标准，更加追求情感上的共鸣。当然，追求个性化一方面可以打破传统的思想观念，形成自我主流思想；另一方面容易缺乏集体主义精神，易受西方价值观的渗透，推崇自由主义。

当代大学生群体总体具有积极向上的表现精神，有较强的自我意识与竞争意识，在价值追求方面也更多元化，在处事风格方面不同于"70 后""80 后"的保守，以胆大为主要风格。再加上当代大学生处于互联网技术爆发式发展的时代，能够便捷地掌握所需要的信息，所以在行事方面热衷于独立思考，拥有强烈的自尊心和自信心。

在言语表达方面，大学生不会人云亦云，而是能够积极地表达自己的想法；拥有群体流行语，个性化特征明显。在外在审美方面，大学生群体拥有自身的审美眼光，与父母的审美眼光存在"代沟"，穿衣更加追求个性化，且风格多变，如洛丽塔风、OL（Office Lady，办公室女性）风、田园风、嘻哈风等，审美出现多样性。当代大学生认为自己新颖与潮流，这是一种对时代的新解读，一种突出自我、解放天性的个性化表现。但是过于个性化的特征容易导致大学生群体与其他群体出现分层，引起外部人群的不解与批判，可能会间接地导致该群体与其他群体的分化。

2. 思想的开放性

在我国对内环境越发开放的背景下，当代大学生群体拥有了更加开放的眼界，思想的开放性是大学生的一个显著特征。自从我国改革开放尤其是加入世贸组织后，对外交流日益加深，从"引进来"到"走出去"这一过程在增强了国民积极性的同时，还给予了大学生群体一种贴近世界的机会，让他们可以进行国际的交流，打破了原有的"禁锢在一方土地"的格局。

对外交流程度的日益加深也使得大学生的思想逐渐趋西化，再加上互联网发展的影响，大学生获得信息的方式更加便利，他们愿意接纳新生事物，也善于沟通表达，尤其在思想方面更显开放，可以接纳"70后""80后""90后"难以接纳的事物，对待事情的看法更具有发散性思维，不再墨守成规，拥有了更加开放的眼界。但是，这种思想的开放性容易受到不良文化的影响，使得该群体难以辨别是非曲直，因此应当加强培养大学生群体辨别外部腐朽信息的能力。

3. 思想的务实性

面对社会上形形色色的诱惑，大学生可以采取务实的态度，避免掉入陷阱，应具有强烈的自我保护意识。受市场利益导向的影响，社会上出现手段各异的营销方法，而大学生能够运用更加理性的方式与思维来看待这些手段，不再局限于物质至上的价值观念，而是以更加理性的手段去辨别有形诱惑。

当代大学生思想上的务实性表现在人生规划、价值选择与实际行动等多个方面。首先，在人生规划方面，当代大学生具有明确的规划方向，知道自己要干什么，这一点体现在大学专业方面。在报大学专业的过程中，有的大学生会将自己的兴趣与社会发展对人才的需求相结合，对自己未来的工作有一定的规划。另外，其在大学期间会积极表现并找机会外出实习，不断积累经验，具有超前的务实心态。其次，在价值选择方面，大学生具有鲜明的爱国心理。大多数的大学生随着购买潜力的不断增强，对国货的需求也日益增多，在产品的选择方面也大多支持国货。最后，在实际行动方面，大学生更愿意动手实践。在新冠疫情期间，大学生放假在家，不是躲在家里"怕疫情"，而是走出家门"防疫情"，不少大学生协助社区工作人员测体温、宣传防疫知识。务实的行动彰显着中华优秀的传统文化与精神，契合了"实践出真知"的道理，当代大学生用自己的方式方法不断积极进取，将个人理想与社会理想和担当相结合，切实发挥了其潜能与价值。

2.2.2 行为特征

1. 成长在网络时代，自主学习能力较强

当代学生作为"互联网原住民"，对互联网的使用和运行模式非常熟悉，网络也为他们提供了开阔的学习和生活环境。借助互联网，当代大学生可以开展自主学习，比如在课后运用互联网查阅其他相关知识对课堂内容进行补充。这一方面给大学生提供了更多的机会和接触各类事件的可能性；另一方面开阔了他们的眼界，促使大学生不局限于僵化的思维模式中，能够接受挑战，不断创新。这就使得他们在大学里接受教育的过程中，对教学内容的要求比较高：一方面要求老师能够讲出许多理论知识，而且是他们没有听说过的；另一方面要求老师能够讲出大学生爱听的知识，增加其学习兴趣。

借助互联网，大学生可以随时随地学习，他们能够接受多种思想、多样文化的共同洗礼，同时也喜欢接受不同的新事物，喜欢思考，勇于探索，对于不同于常规的观点和问题都会积极主动分析解决。所以，他们的自主学习能力很强，有自己的思考与想法，是拥有较强创新能力的一代人。

2. 具有多元价值观，有明确的个人追求

互联网时代，多元信息在网络中以复杂的方式呈现。各种思想与社会思潮都会对大学生价值观的形成产生影响。但是基于对多样化信息与思想进行追求的心理，以及好奇、好学的心理，当代大学生的价值观呈现出多样性。这些思想有来自学校教育的，同时也有受互联网影响形成的。他们接受这些思想与价值观，一方面是出于被教育的结果；另一方面是出于个人的追求，体现的是个人的个性与兴趣爱好。多元化的价值不仅造就了大学生的创新能力，让其不受传统价值观念的约束，也造就了大学生的个性，使他们能够更好地表现自我、呈现个性。明确个人追求，有利于大学生能够更好地认识自我、认识社会。

3. 物质保障基本无忧，精神需求尚待满足

当代大学生的生活环境比较优越，家庭条件较好，家长能够满足他们最基本的物质需求，他们在日常生活中也具备较强的消费能力，除了基本的生活与学习消费外，娱乐需求也能够得到较好的满足。从整体上来说，他们的成长环境比较优越，各方面的物质需求都能够得到满足。

但是大多数大学生成长于独生子女家庭，他们从小到大受到较多的呵护与关怀，对父母和互联网的依赖程度较大，与周边"小伙伴"的交流并不是非常多，这就会使得少数大学生离开父母独立生活时，容易受外界环境的影响，也容易迷失方向；可能也会过于关注自己，容易忽视他人的利益；喜欢网上交流，不擅长人与人之间面对面的沟通；接收到的信息与知识有很多是网上娱乐化的信息，导致他们的精神生活比较缺乏，容易受负面信息或不良信息引导。

2.2.3 价值观特征

价值观在一定程度上反映了一个人对事物的态度和观点，一经形成就会体现在生活中的方方面面。价值观具有主观性、持久性、稳定性等特点，同时反映了人们的需求。一方面，大学生群体的价值观反映了他们在学习与生活中的态度；另一方面，这些价值观也影响着他们的行为习惯与生活方式等。

1. 价值追求呈现多样化

当代大学生生活在物质资源相对丰富的 21 世纪，他们生活的环境相对更加自由，所受的家庭教育也与之前有所不同，他们的家庭生活方式不再是之前的"家长专制"模式，其拥有一种相对平等的家庭关系。因此，在对一些问题的看法方面，当代大学生会打破常规，有自己的观点，不是只听父母的；在所受的教育方面，他们接受的不再是之前的"填鸭式"教育，而是一种开放式的、课程改革越来越倾向于关注学生的素质教育。这使得大学生群体的价值追求产生多样化的特点，再加上受多元文化的影响，中西方文化在交织中相互作用，也可能导致大学生在某些问题上的认知是有差异的，使得他们的价值观呈现方式不同。

这种多样化的价值观有利有弊，利在于它说明了大学生价值观的可塑造性；弊在于它说明了外在环境，尤其是西方价值观对大学生有一定的渗透和影响。所以掌握当代大学生的价值观倾向，对高校思想政治教育效果的提升至关重要，因为这是基本功。

2. 有爱国主义情怀，理想信念尚待加强

面对国家强大实力时，他们自信满满，有非常强的爱国意识和浓厚的爱国情怀。无论是国家强大，还是国家遭遇一些苦难，他们爱国主义的情绪流露能够表现出他们对国家的高度认可与赞美，这是当代大学生在国家认同感方面值得肯定的。但是我们也发现，有少数学生的信仰和理想信念不够坚定，缺乏与国家同呼吸、共命运的远大理想，这些学生的理想信念还集中在个人发展层次，有待进一步升华。

3. 个人中心主义突出，集体主义理念尚待增强

当代大学生有突出的个性和很强的求知欲，他们敢于创新、敢于尝试、敢于表现，但是过强的自我意识导致一些大学生有时只看到个人，看不到集体和团队，在集体中不愿意承担义务与责任，集体荣誉感不强，个性中有一些自私，这不利于个人能力的全面发展。

少部分大学生有一个明显的问题：心理承压力较弱。这就导致少数学生对于生活中的一些小问题或暂时性的困难，容易放大，或者不愿意面对，常将一点小问题放大成较大的问题。再加上大学中的竞争加剧，他们一遇到挫折就可能显得很被动，不知所措。这种现状根源于他们从小被过度保护，导致他们独立面对困难与挫折的能力不够，以及面对困难与挫折的自我治愈能力不够。

2.3 大学生群体成长过程中的阻碍要素

大学生群体对网络的依赖性强，网络为他们获取信息、表达情感、交流互动提供了更便捷的平台。网络在社交、教育、娱乐等越来越多的领域打破了传统工具的束缚，但网络的复杂多变也意味着当代大学生群体在成长成才的过程中面临着更复杂的外部环境、更多样化的挑战和更难预料的不可控因素。本节重点分析面对全新的成长环境和学习生活环境，在心理、行为两方面可能阻碍当代大学生群体成长与发展的一些要素。

2.3.1 外在行为表现

1. 网络社交主导，社交焦虑凸显

当代大学生群体对社交网络的依赖性主要表现在使用社交媒体时间长。大学生群体在社交网络上花费的时间已经超过了现实人际交往的时间，即使在和家人、朋友聚会的过程中，有时他们也更愿意选择玩手机，和家人朋友面对面交流的时长在减少。

大学生的线上社交，以网络流行语、表情包、标点符号、拼音缩写等简单直白的形式交流信息、表达情感；以图文、视频、点赞、评论、弹幕记录生活、传递态度；以"饭圈""宅"等形形色色的圈子寻求认同、彰显价值。简单直白的线上社交符合大学生思维自由活跃、个性独特鲜明的性格特点，也更能表达他们追求自由和自我实现的人生态度。然而，看似无拘无束、热闹纷呈的社交网络背后，是网络时代人们面临的群体性孤独，这种现象在对社交网络高度依赖的大学生群体中表现得尤为明显。

雪莉·特克尔教授指出，人们通过移动设备把自己牢牢地拴在网络上，从而获得一种自我的新状态。从一开始，它就意味着某种授权：它可以从现实环境中脱离——包括其中的人。社交媒体似乎营造了更好的人际沟通方式，但实际上却让人们更加孤立。一方面，由于网络社交存在信息传递片面、干扰信息较多、持续性社交机制以及信任机制难以建立的问题，线上社交往往只停留在较浅层次的信息交换和情绪表达，不足以满足年轻人精神层面的深层次交流，且当年轻人离开便捷的通信工具后，面对面交往的能力被弱化；另一方面，"我分享，故我在"的动态分享机制让年轻人更加渴望被关注，并更加关注他人对自己的看法和评价，在分享的过程中变得越发敏感，相关研究也表明了社交焦虑和手机依赖倾向之间存在一定关系。

2. "泛娱乐化"严重,价值选择存在消极倾向

从受众层面来看,互联网的发展为人们获取娱乐信息、拓展娱乐方式、传播娱乐文化提供了全新的平台和工具,人们能够更便捷地通过更多的渠道满足自身的娱乐需求,丰富娱乐生活。

从娱乐内容生产层面来看,大数据、深度学习等互联网技术的发展,使得生产者能够把大众真实的娱乐需求作为决策依据,有选择性地提供娱乐服务和产品。

从社会环境来看,在现代社会紧张浮躁的社会氛围下,人们渴望通过娱乐生活释放压力,宣泄情感,这为资本深挖大众娱乐需求提供了土壤。"泛娱乐化"倾向日趋严重,资本裹挟娱乐,导致文化产品和文化生产趋于低俗,新媒体技术对娱乐的过度迎合与推崇营造了"全社会贫瘠、碎片化'泛娱乐化'文化态势",娱乐与各类思潮融合,传播与社会主流价值观相违背的有害思想。

在"泛娱乐化"思潮的背景下,大学生群体的价值观念、价值选择、行为方式逐渐受到影响。一方面,"泛娱乐化"文化产品具有低俗的特征,对崇高的事物缺乏敬畏,导致历史、传统文化的厚重感和严肃性被解构,也导致一部分大学生的信仰面临挑战与威胁,具体表现为对英雄缺乏敬仰之心、对历史缺乏客观认识、破坏政治话语秩序等;当娱乐与有害思想结合时,思想开放、追求刺激、张扬个性的大学生群体更难辨别是非,进而更难认同主流价值,以致容易被有害思想误导,做出错误的行为选择。另一方面,"泛娱乐化"文化产品追求对人"本我"人格的冲动、欲望的刺激,以简单、粗暴的形式娱乐大众,使少部分大学生群体逐渐丧失深度思考的能力,乐于接受空洞、肤浅的娱乐,"泛娱乐化"文化产品也使大学生群体沉溺于庸俗、物欲的狂欢之中,缺乏对自身价值、人生选择的关注,逐渐忽略了自身的价值追求,消极地度过人生中最关键的时期。

3. 超前消费普遍,消费结构畸形

大学生群体是伴随着互联网的发展而成长起来的,他们既是互联网的"原住民",也是玩转互联网的主力军,更是线上消费重要的新兴力量。互

联网金融产品的发展为当代大学生群体提供了新型的消费方式，京东白条、蚂蚁花呗等信贷产品推出的分期付款、最低还款等业务，减轻了他们大额消费后的还款压力。然而，当大学生群体还没有正式工作，无稳定收入来源，对超前消费的还款预估能力较弱，进而衍生出一系列债务问题和安全隐患，"裸贷"风波也由此而来。

当代大学生超前消费现象如此普遍的原因对其消费行为存在误区。研究表明，大学生消费行为具有冲动性、偶像效应，在直播电商、短视频带货的影响下，女生对于"颜值消费"尤为感性；此外，消费金额高，对各种休闲娱乐产品（如游戏、音乐、影视、动漫等产品）的消费较多，是当代大学生的典型消费特征。更为重要的是，当代大学生在这些方面的消费行为不是偶然性的行为，也不是普通的消费行为，而是一种经常性的高质量消费行为。这种消费能力与消费行为是一种明显的偏好型消费和享受型消费。他们有时会为了这些高水平的享受型消费而牺牲个人的生活质量。由此也可以看出，少数大学生群体的消费不仅是一种超前消费，有时还可能会产生一种非理性消费，这种消费行为也是其价值观的一种体现。

4. 深度学习行为不足，学习的功利性太强

互联网的快速发展丰富了大学生的学习方式、学习渠道和学习内容，故其所接受的内容始终处于时代前列，能够与时俱进，但当代大学生群体的学习行为也呈现两个非常明显的特征。

第一，深度学习行为不足。互联网突破了传统时间和空间的限制，大学生对互联网的依赖性不断提高。通过对中国互联网络信息中心近10年发布的中国网民年龄特征和使用网络行为的特征进行分析可知，中国网民的年龄越来越倾向于低龄化，对互联网的使用范围也不再仅仅局限于课堂知识的学习上，可能是跟学习相关的课外知识的阅读，也可能是游戏和娱乐等。

互联网研究专家尼古拉斯·卡尔表示："互联网已经毒害了我们的大脑。不仅是'新人类'，许多成年人的注意力持续时间也开始变短。"技术的变化带来人的变化，海量的信息使网民的注意力失焦，学习时间与学习内容日益零散。他们在学习时大部分时间会通过互联网获取信息，且使用频率比较多、使用时间比较长，获得的很多知识是一些碎片化知识。虽然学习的时间长了，接受的知识面广，但是学习的深度有限，有时可能不仅不能达到学习效果，还可能导致学生学习过程的混乱以及对知识认同度的下降。处于这种学习环境下的当代大学生群体，其深度学习行为不足，反而可能会让浅层学习或碎片化学习的时间较长，获取的相关信息和知识也较多。

第二，学习的功利性太强。学习的功利性在大学生身上表现得比较明显。学习的功利性也可以说学习目标的精准导向性，主要体现在学习内容与知识的精准化和以结果为导向的学习方式与安排。在学习内容与知识的精准化层面，在大学里特别常见的就是以考试内容为导向的选择性学习和以应试为导向的突击式学习，以这种方式习得的知识不成体系，无法达到大学生群体知识储备的需求，同时也无法让大学生形成完整有效的思维方式，无法让外在知识内化转化为自己的知识，会导致学习过程的无效，严重影响学习效果的提升。在以结果为导向的学习安排上，除了存在以考试为导向的突击学习问题外，还存在逃课、拖延、作弊等问题，少数大学生为了考试的高分，可能会忽略成绩的获得是否符合要求和规范。

通过以上分析可以看出，受社会宏观环境和生活微观环境等多重因素的共同作用，大学生在成长过程中，获得了许多成长成才的机会与优势资源，但是这些环境在带给大学生资源、机会与优势的同时，也对其成长成才有一定的干扰。所以，高校在针对大学群体开展思政课教育教学的过程中，必须从了解其行为特性入手，开展针对性强、亲和力够、时代性足的思想政治教育，只有这样才有可能符合其"口味"，达到思政课教学应有的效果。

2.3.2　内在心理问题

1. 人际交往压力

当代大学生是互联网的"原住民"，从小到大生活在互联网中，一些大学生人际交往的过程可以离开现实社会，所以才会用"宅"形容他们的生活状态，这样容易使他们产生人际关系方面的压力。再加上大学生多为独生子女，在从小到大的成长环境里，家庭一直把他们放在首位，他们也习惯了成为所处人群关注的焦点，或者大家共同赞美的对象，可当他们离开家庭进入学校后，大家都是类似的成长过程时，他们产生人际关系矛盾的可能性会比较大。

另外，他们成长过程中，接受的挫折教育较少，缺乏独立生活的经验，难以正确处理生活中的人际交往问题。与之矛盾的是，大学生文化层次普遍较高，随着知识和经验的积累，其心理趋于成熟，人际关系呈现出渴望交往、追求平等、精神至上、情感性强等特点，部分大学生主观上对人际交往的期待与客观上的人际交往能力存在差距，面临着较大的人际交往压力，甚至有少数大学生存在社交恐惧症，对与人交往产生畏惧心理。近年来的网络流行语"社恐""社牛"等词，其实也是对人际交往情况的一种深刻反映。

2. 性格原因

自我系统理论认为，外在危险因子对个体健康发展的消极影响主要是通过损害个体的自我信念系统来实现的。托马斯·弗格森等人认为，压力性的生活事件的作用过程离不开个体自身特征的影响，尽管经历同样具有压力的生活事件，但有些个体依然能适应良好，这可能是个体的某些积极特性在起保护作用。个人是选择用积极态度还是消极态度面对外在的问题与压力最终取决于个人的信念系统和特征，可以将其理解为个人的性格因素。

一般来说，性格外向的人与外界沟通频率高，人际交往范围广，关注内容多，一方面有较好的减压排压渠道；另一方面能够分散注意力，减少压力的持续时间，使得其能够及时快速地破解压力困境；反之，性格内向的人一般表现得较为封闭，不愿与外界沟通交流，关注内容较少，朋友圈较小，舒解压力的方法往往是"自我消化"，转移渠道较少，所以当压力达到个人无法承受的程度时，可能会导致极端行为的产生。

从总体上来看，当代大学生自信、自主、自由，其在性格上的多元化造就了其行为上的多样性，其行为上的多样性反映了其思想层面的多维度，这在一定程度上影响了其对各种社会问题和社会压力等的态度。所以，当代大学生群体性格的形成与表现方式，与其对外界社会的接受度与认同度有极大的关系。

本章从社会学中人的"社会化"理论入手，结合人的社会化的内涵、基本特征和人的社会化过程中的影响因素等基本知识，分析了当代大学生群体的成长环境、成长规律与成长特征及其在成长过程中可能遇到的阻碍因素。通过以上分析我们可以看出，大学生群体的成长过程和行为有其独特性，这主要是由他们成长环境的特殊性以及成长过程中家庭、学校、社会、朋辈等多重要素多元化的作用方式与作用机制的差异造成的。

通过分析我们也可以看出，受父母成长环境、受教育条件和成长过程的影响，大部分学生出生后，家里的物质条件是相对比较好的，他们基本上可以衣食无忧，而且大部分大学生都生活在独生子女家庭，他们享受了来自家人共同的、唯一的关注，所以他们家庭生活的氛围相对来说比较自由、轻松，这就造成了大学生在物质与精神生活上的双重满足，而这种满足也成就了他们自信、自主、独立、敢于尝试、敢于创新、敢于挑战、敢于突破自我的性格。

与此同时，大学生是伴随着互联网的发展成长起来的，他们自然而然成了互联网的"原住民"，见证了互联网的成长与发展，互联网带给了他们增长阅历和学习知识的机会，同时他们也在一定程度上使用了越来越多的互联网应用与平台。这种互动对大学生的价值观产生了影响，因为互联网的快速发展带来了多元的西方文化与价值观，而这些可能与传统中国的价值观和大学生学习的课本知识是冲突的，就会给其带来认知与认同上的不确定性与不稳定性。

基于这种情况，高校在开展教学工作的过程中，需要从学生的行为与性格出发，了解其行为产生的根源和外在环境对其影响、其对外在环境的反应等，以确保教学内容和教学方式的精准性，进而提升高校思政课的吸引力。

第3章

行为规律：当代大学生群体行为的形成与发展

当代大学生群体的成长环境、生活环境、学习环境和心理特征，都有着明显的时代烙印，其群体行为有属于其自身的特性，所以大学生群体行为的形成会有比较明显的时代特色。根据社会学社会化理论和社会互动理论，以及复杂网络中的行为互动相关理论，基于时代的特殊性可知，大学生群体行为在形成过程中，会受多因素影响，其群体行为的形成、互动与选择都有特定的逻辑。按照"认知—情感—行为"的态度形成过程的逻辑来分析，大学生的群体行为形成互动结果会对其价值判断与选择等产生影响，其会有正面、负面的情绪，而这又会反映到高校思政课的层面上，即行为层面的表现。所以，要想真正解决如何提升高校思政课吸引力的问题，除了需要有行之有效的路径外，还必须找到影响其对大学生吸引力的根本原因，从根源层面入手，才可能会标本兼治。

结合复杂网络理论，根据因果关系的逻辑顺序，参考"认知—情感—行为"的态度形成过程，本章建立了由"社会要素网—群体行为形成流—影响生态位"构成的当代大学生群体行为关系结构模型，从成长规律到行为规律，从理论框架确立到实证调研分析，详细地探讨了大学生群体行为的相关规律及其与提升思政课吸引力之间的关系等相关问题。

在这个理论模型中，社会要素网是影响大学生群体行为的因素，有宏观层面的政治要素、经济要素、社会文化要素和国际环境等，也有中观层面的学校环境、教育环境，各个要素共同作用。这种环境不仅指现在环境，还包括其成长环境。这些都会对当代大学生群体对思政课的态度产生影响，这种环境从整体上来看是动态的、复杂的。所以需要从政治、经济、社会、文化等层面，多主体、多角度、全方位分析当代大学生群体行为的形成过程，以及形成过程中各因素对群体行为互动的影响。

群体行为形成流层面是当代大学生群体行为的形成过程，在这个过程中，结合"强关系—弱关系"理论，从大学生个体层面，以及其与社会环境、其他朋辈群体和社会成员的互动过程入手，将大学生行为分为情感层、文化层和信息层，其从内到外呈现"差序格局"分布。其中情感层是对群体行为的认同与选择，是影响大学生群体行为的最重要内容。

影响生态位是大学生群体行为的影响，本章重点研究了大学生群体行为对高校思政课吸引力的影响，这里主要从思维方式和信息接受两方面考虑，详细探讨大学生群体对高校思政课的态度以及对高校思政课的认知与接受情况。在分析过程中，从时间和空间上的相对位置及其机能的变化，根据知识与信息传播的内容，分析大学生群体行为、思想与态度的变化，见图3-1。

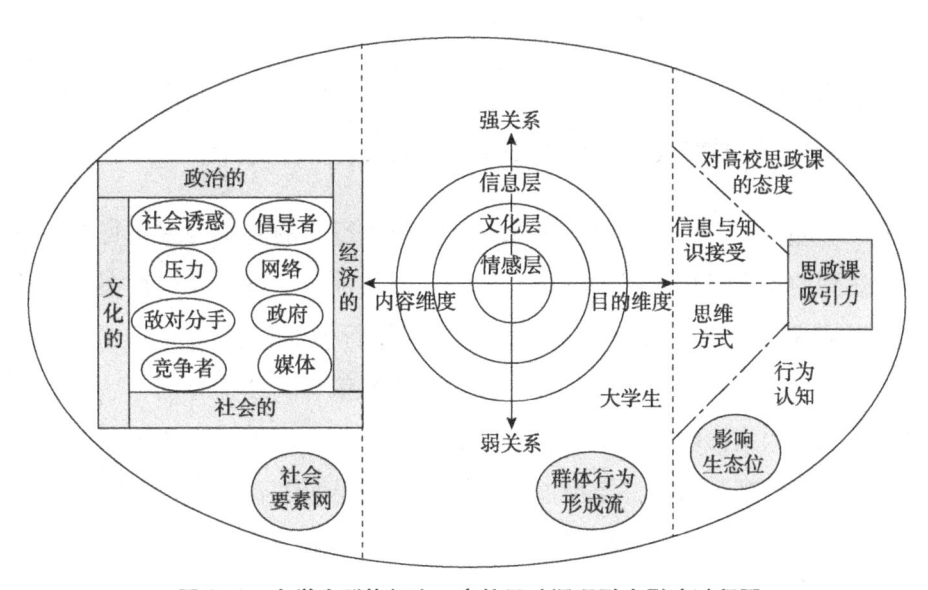

图3-1 大学生群体行为—高校思政课吸引力影响过程图

基于图3-1，本书在设计过程中，从三个方面考虑：一是结合社会学、心理学、管理学以及群体动力学的相关理论，从理论层面探讨大学生群体行为的形成、互动与选择过程及环境对大学生的思想行为的影响；二是结合管理学和马克思主义的相关理论，从"教育主体——学生"的行为和关系的视角，主要从目的和内容的维度，梳理大学生群体行为与思政课吸引力之间的关系及关系变化的过程、变化的可能性、未来发展的方向；三是利用实证分析和建立模型的方法，从供需关系、教与学的关系入手，分析大学生对高校思政课的态度、高校思政课的吸引力现状，以及影响高校思政课对大学生的吸引力的因素和大学生学习高校思政课的动机。这也构成了本章的主要内容。

本章主要解决第一个问题，从大学生群体的行为方式与思想观念出发，充分考虑环境的相互依赖与教育者等因素，结合复杂网络的理论与模型，探讨大学生群体特性及群体行为方式、大学生在群体中的互动机制与群体行为选择的过程，为后文分析大学生群体行为与高校思政课吸引力之间的关系奠定理论基础。

3.1 影响大学生群体行为的因素分析

S. Cooper 等人认为，有三个能够影响群体行为的心理因素：每个人都试图达到的特定目标，人们的行为依赖一定的社会环境，人们存在于不确定的环境或区域中。钱晓蓉在研究网络群体行为的发生与发展过程时认为，网络群体行为的产生会受社会环境、网络信息、社会心理、法制控制四个方面的因素影响。本节在分析影响当代大学生群体行为的因素时，主要从宏观、中观和微观三个层面来考虑。宏观层面主要是指社会发展环境和网络生活环境，如政治环境、文化环境等；中观层面主要是指身边人的影响，如与自己生活密切联系的朋友、同学以及教师等的影响；微观层面是指大学生群体自身的特点，如个人心理特征、个人性格等。具体见图3-2。下面选取各因素的一两个方面来进行分析。

图 3-2 影响大学生群体行为的要素

3.1.1 社会环境因素

社会环境因素是一种比较宏大的要素体系，从整体上来看，它包括政治环境、经济环境、文化环境、社会生活环境、网络环境等。例如，在政治环境方面，如果政治环境开放民主，人们会有较强的民主与权利意识，会为当代大学生群体参与各种社会活动提供环境、机会和自信的心理等。由于社会宏观因素的复杂性和多样化，本节在分析过程中，重点选取文化环境、网络环境两个因素来进行分析，因为这两个因素是能够迅速、直接影响每个人的生活环境，影响个体的认知、情感和行为的。

1. 文化环境因素

在社会学中，文化是一个较为广泛的概念。随着现代社会的不断发展，文化的内涵和外延也都处于不断扩大中，文化可以分为物质文化和精神文化、东方文化和西方文化，也可以分为技术文化、科学文化、宗教文化、网络文化、时尚文化、艺术文化等各种不同的类型，还可以分为主文化和亚文化、正文化和反文化等各种不同的类型。文化会随着时代的发展而不断变化，而文化与人是相互成就的，文化会影响人的思想观念，同时，人们思想观念的形成与发展也是文化的重要组成部分，是文化发展、进步与改革的动力与条件。随着现代社会的不断发展，文化对当代大学生群体行为产生了较为明显的影响，其中影响最大、最显著的是中西方文化的互动和校园文化与社会文化的互动。

第一，中西方文化的互动。不同文化在不同时期的互动机制、互动方式、互动领域、互动效果等都是不同的。文化互动的过程是交流与相互认知的过程，文化互动的结果一般是融合和冲突。中西方文化的互动是影响大学生群体行为最为重要的因素之一。从宏观上来看，大学生群体在成长的过程中，一直是受两种文化共同影响的：一是来自校园、书本、家长和老师的主流文化，其主要内容是中华优秀传统文化；二是来自网络、道听途说等自主获取的外部信息，它们一部分内容与前者的核心思想一致，一部分内容几乎与前者完全相反，而这部分主要就是西方文化，其在价值观、教育观念、行为方式、思维逻辑等方面与中国文化有较大的差异。这两种类型的文化对大学生群体的影响是不一样的，中华优秀传统文化对大学生群体的影响是正面的、积极的，且是伴随其成长过程的，他们接受这类文化的时间长，所以对这类文化有全面系统的认知，也对这类文化及相关理论的教学内容、教育方式、教育目的等有准确的把握。基本上全方位、全领域、全学段的教育传播体系的架构，使得中华优秀传统文化和与国家、民族相关的理论在大学生群体心里根深蒂固，影响较大。

反观西方文化，它们是在大学生群体成长过程中而发展起来的，虽然其面向大学生的传播起步晚、传播比较分散化，但最大的优势在于其传播方式具有精准性和偏好性，这样能够准确把握大学生群体的行为特征、需求、兴趣偏好，采用精准化和个性化推荐方式牢牢地把握住大学生群体的"心"，所以其传播影响力巨大。同时，它的传播还具有极强的隐蔽性，往往跟中国主流文化一起传播，但是内容与目标可能跟中国主流文化的教育内容与目标完全相反，所以其传播的价值观与中国主流价值观也可能是完全相反的。正是这两种文化的相互交流、相互互动，让当代大学生在接受文化过程中产生认知迷茫和价值观判断迷茫，正、反的相互交织也让其在思想上产生了一定的冲突，会让大学生群体做出的行为判断往往具有不确定性、不稳定性和不一致性。

第二，校园文化与社会文化的互动。校园文化与社会文化的互动方式、互动机制和互动结果与中西方文化的互动有一定的相似性。校园文化是一种集阳光、自信、青春、勇敢、创新、务实、博学等于一体的文化，是一种积极向上的正能量文化，它引导学生探索创新，求真务实，用科学知识和专业技能助力学生成长成才。社会文化是一种集正面与负面于一体的多样性复杂文化的集合，它本身具有一定的冲突性，同时有的也跟校园文化不同。这就是不同导向文化互动所产生的差异。只有找到差异的原因，才有可能避免后续产生的各类问题。

2. 网络环境因素

网络环境跟文化环境一样，也属于一种软环境，不容易察觉，但是影响巨大。网络是一种技术工具，它能延伸出技术文化，所以它的影响方式也是多元化的，在这里我们主要从技术工具层面讨论，即只讨论网络基本特征对大学生群体行为的影响。

第一，网络环境的开放性。社会燃烧理论认为，在目前的社会状态中，网络是最重要的社会助燃剂，借助便捷的传播方式，可以不受限制地将信息在最广泛的范围里进行扩散，扩大其影响力。虚拟社会强调具象行为模式的灌输，忽视角色固有的社会规范的培养，造成行为方式社会化与角色规范社会化脱节，产生网络失范行为。信息时代，互联网的出现给人们提供了便利，但网络环境的开放和自由使人们的行为缺乏一定的规范约束和应有的监督，网络中用户容易产生认知偏差，行为随意化，影响大学生群体行为的发展趋势。

第二，多样化和碎片化的信息传播方式。博客、微博、微信、抖音、B站、知乎等多样化互联网应用的出现，使得互联网平台在帮助人们获得更多信息的同时，也让人们陷入了"信息沼泽"，有用信息和无用信息、真信息和假信息等相互交织，有时不仅不能帮助人们解决信息需求方面的问题，反倒成为人们的一种负担。碎片化的信息传播方式让人们"再也离不开手机"，也加剧了人们在互联网中的聚集与讨论，多种观点的相互作用、相互影响，也为大学生群体的行为与思想的传播创造了便利条件。但结果却是什么样的信息都有，严重干扰了大学生的信息接收和认知，让他们不知所措，无法辨别真假，可能会产生价值冲突。另外，碎片化的信息传播会让大学生过度依赖手机，不愿离开手机，其所产生的学习问题、道德问题、身体健康问题和心理问题，也频频出现。

第三，互联网资源的多样性。当前已由受教育者掌握较少的信息资源、被动接受知识灌输的时代，进入教育者与受教育者在信息资源占有方面差别不大、身份平等的时代。互联网时代最大的成果就是信息产出，每个人都能够成为信息的生产者、传播者和接收者，部分大学生群体对于信息的掌握程度甚至可能比思政课老师还多。例如，对于老师上课正在讲着的知识点，大学生拿着手机通过查阅资料可能已经学完了，甚至掌握的信息比老师教的更多。所以，当代大学生，不管是在信息获取速度还是在信息获取数量上，都处于前列，他们会依托这些充足的信息进行价值判断和行为选择，这会让他们的行为选择具有一定的自主性，对教师的依赖性可能会减少，进一步推动了大学生群体行为的形成与发展。

3.1.2 朋辈群体因素

路易斯·古德曼等人在研究群体行为理论时认为，组织中群体的绩效水平和群体行为受群体外部环境、群体成员的能力、群体规模、群体冲突水平、群体结构以及群体成员为了遵从群体规范而承受的压力等主要因素影响。根据前文分析可以看出，群体行为的形成除了受环境因素的影响，还会受所处群体的影响，也就是说，大学生群体行为的形成可能会受到群体中其他成员、群体互动和群体心理等方面因素的影响。

第一，大学生之间的互动与交流。群体行为是在公共和集体冲动的影响下发生的个人行为，是社会互动的结果。在人群中的个体的行为就像只有他一个人，群体成员的思想经过长时间的相互作用和磨合后，大家都会不断地模仿他人或者影响他人，让自己的行为靠近他人或者让他人的行为靠近自己，最后使得群体中成员的行为有较大的相似性。大学生的群体行为不是单一个体行为的体现，也不是一成不变的，它会根据其成员相互作用的程度不同而不断变化。这就是前文所说的时代性的体现。

第二，大学生群体的行为模仿与传染。人们的情绪状态是由认知过程、生理状态、环境因素在大脑皮层中整合的结果，而非简单的表现，其中包含复杂的整合过程，所以，群体行为是一种从行为出现、叠加到个体之间的相互传染和互动而形成的集合行为。A. Aveni 在研究群体成员参加橄榄球赛的情况时发现，只有1/4的人在群体中表现的是他们自己，大多数都不是孤立的个人，他们可能已经调整或改变了自己的行为，让自己的行为与他人或群体保持一致，且他们为了共同的目标，可以忽略自己最真实的想法和行为。所以一个人的行为在形成过程中，一定会受到所处群体中其他成员行为的影响，这使得大学生群体中不同大学生的行为有一定的趋同性。近年来，大学生群体中流行"内卷"都是大学生群体行为模仿与传染的结果。一个群体的行为模仿与传染的结果，可能是好的，也可能是不好的，重点是其互动过程与导向是否正确。在群体成员互动过程中，每个人的行为不可能是静止的，也不可能不受周围人的影响，他们的行为始终会受身边同学和朋友的能力、行为方式、思维方式、学习方式等影响，因为他们之间存在相互模仿和传染。

第三，社会浮躁心理。会阻碍实现大学生群体行为的社会认同。在经济快速发展过程中，大学生的自由与民主意识不断增强，他们要求有更多的参与权利和表达权利，希望自己的利益诉求能得到满足。多数大学生的多样化需求得到了满足，但是少数大学生以自我为中心的思想造就了他们的一种情绪化心理和浮燥心理，他们觉得自己的各种需求都要满足，形成了以自我为中心的意识，这也就给群体中一致行为的形成产生了干扰，影响社会认同的实现。

第四，群体的影响。自然界中存在许多群体，如蚁群、蜂群、鱼群等，因为对于它们来说，个体的保护能力与捕食能力相较于群体较弱，而且所拥有的资源也较少，而群体的形成在一定程度上可以确保种群的延续和力量的增强。这个道理同样适用于大学生群体行为的研究。无论是动物，还是人，都愿意生活在一个群体或集体中，因为大多数群体能达到1加1大于2的效果，能通过集体的力量达到事半功倍的效果。所以基于群体的影响力，人们也倾向于选择聚集，借助群体的影响力完成个人利益诉求的表达和利益的实现。

3.1.3 教育主体因素

立德树人是高校的根本任务。高校教师作为高校立德树人根本任务实现的主体，其专业素质、道德水平、教育方式等都可能会影响大学生的成长成才，也会影响大学生群体行为的形成。教师对大学生群体行为的影响主要体现在以下两个方面：

第一，教师的个人素质与影响力。体现的是教育主体言传身教的能力。这方面所传授的大多是一些隐性知识，可以说这类知识具有极强的思想道德教育的属性，比如教师为人师表的权威性、教师对大学生的关注性、教师的专注力和幽默性、教师对教学认真务实的态度等都可能会对大学生学习、生活、为人处世的方式等产生较大的影响。教师的个人素质、个人魅力如果能够影响大学生，那么也会提升学生对教师的个人认同感，增强教师部分观点与言论的影响力，进而推进大学生正向群体行为的形成。近年来教育部加强了对高校教师行为规范、师德师风的教育与管理，提出"四有好老师""四个引路人"，实行师德的"一票否决"制，这在很大程度上也是基于教师的个人素质对高校大学生成长成才的重要性提出的要求。所以说教师的个人素质与影响力会影响大学生群体行为的形成与发展。

第二，教师专业知识的说服力。专业性是教师能力最根本的体现，而且教师个人素质有一部分也需要通过专业水平才能体现出来。教师是否具有高水平的专业知识，以及在工作中能否较好地体现其专业知识水平，既是教师个人能力的体现，也会影响教学效果。从教与学的关系来看，教师对教育目标把握的准确性、对教学内容设计的丰富性、对教学方式运用的灵活性、对教育对象特征的理解与充分认知等是影响专业知识教育效果的重要因素。这就是近年来以教育部为代表的各级教育管理部门开展加强思政课标准建设、强化教师教学能力提升培训等活动的重要原因。只有把各门课程建设好，才能利用课程影响大学生，帮助其树立正确的价值观和人生观，促进其将理论与实践相结合，更加理性充分地分析问题和解决问题，这对大学生群体行为的形成有重要影响。

3.1.4　个人层面因素

虽然教育主体的因素对大学生群体行为会产生影响，但是这种影响是一种间接影响，是通过影响大学生的能力、心理和价值观等方式来影响大学生群体行为的。所以，K. Lewin 提出的关于群体行为的公式为 $B=f(P,E)$，其中 B 是个人行为，P 是个体，E 是环境。通过这个公式可以看出，对个人行为影响最大的因素除了环境因素，就是个体因素。群体是由单独的个体组成的，群体行为的形成、表现方式等各种因素都会受到其成员的影响，不同成员的心理与行为会直接导致群体行为的不同。

第一，个人能力与知识结构。面对任何一个事件，人都有一定的利益导向性，人们会根据自我主观的理解与认识对客观事物做出符合自身需要的评价，因为任何不理性的言论都会影响到大学生对事件评价的客观性。随着信息时代通信技术和计算机技术的不断发展，传播媒介逐渐打破了传播范围与层次的束缚与限制，能够更加开放、自由地体现"草根"阶层的意志，打破原有的社会状态。因为社会变迁会打破原有的社会平衡，在新的社会规范尚未建立之前，人们面对各种社会变化容易产生不满和怨恨情绪。这种不满和怨恨情绪的产生是群体行为发生的一个必要条件。在开放化的社会中，人们更倾向于表达意见，维护基本的权利；但是在现实中，大学生在信息获取与政策认知方面，存在极大的信息不对称，这一方面是由于权限，另一方面是由于能力和知识结构的差异。所以，当大学生遇到一些问题，或者不理解的事情时，可能都会在第一时间将其在互联网上广泛传播，期望能够引起网络共鸣，进而在最大范围里进行传播，借助网络的放大效应和互联网的号召力，"迫使"教育者关注其个人需求，解决个人问题，这也就促进了大学生群体行为的出现。

第二，个人心理因素。是学者们研究群体行为最为关注的主观因素之一。一般来说，个人心理与其行为有直接关系，会直接反映到群体行为中。理查德·拉扎勒斯提出的"认知—评价"理论认为，心理情绪是人与环境相互作用的产物。在情绪产生过程中，人们会不断评价外界环境对自身的影响，同时也会不断调节自己对于刺激事件的态度与反应。网络的开放性与自由性，给大学生提供了广泛的发言空间和表达观点的场域，会让大学生更加自由、更加自愿地表现，因为环境的约束性较小。当代大学生心理顾虑少，或者大学生能轻松应对外界压力时，他们更愿意表达个人的观点。在群体中展现自我，既可以引导群体言论的走向，也可以引导群体行为的发展趋势。

第三，个人与他人的交流。也是大学生群体行为互动中非常重要的环节与过程，这在一定程度上会影响大学生的心理、行为、获取信息的数量和对一些事物认知的全面性和客观性等。对群体互动和人际互动的基本理论进行分析可知，个人与他人的交流可以促进信息分享，在交流中获得他人的认同，即希望自己的信息、观点能够获得他人的认可，能够体现自己的价值，所以，在这种交流中必然会存在思想与态度的互动。当人们的观点高度一致时，便可能聚集，形成群体；当个人观点与他人观点存在差距时，个人可能会改变自己的态度，与他人保持一致，以期得到他人认同，这就促使群体及群体行为的形成。

综上所述，在大学生群体行为形成与发展过程中，社会环境因素、朋辈群体因素、教育主体因素和个人层面因素等都会成为重要的影响因素，而且每一个因素都包含着众多的分因素。至于这些因素到底会如何影响大学生群体行为的形成与互动、影响高校思政课的吸引力，本书后续会根据需要分析问题的独特性进行专门性分析。

3.2 大学生群体行为的形成机理

从群体的形成过程来看，发展比较成熟的群体在一定阶段会形成规范的、非正式的制度与约束规则。群体成员行为的形成会受群体中形成的一些潜在规则与制度的约束，它们是群体发展过程中成员之间相互约定俗成的，可能没有明文规定，但是成员们都会遵守，群体行为的形成也在很大程度上受其影响，所以这一阶段群体行为的形成不再是拍脑袋或盲目从众，而会有一定的理性思考，其行为有一定的依据。

3.2.1 大学生群体行为的形成过程

本书根据群体行为和复杂网络的相关理论，结合前文分析，认为大学生群体行为是受客观因素和主观因素共同作用而形成的，其形成过程不是固定的，而是一个循环反复的过程，见图3-3。

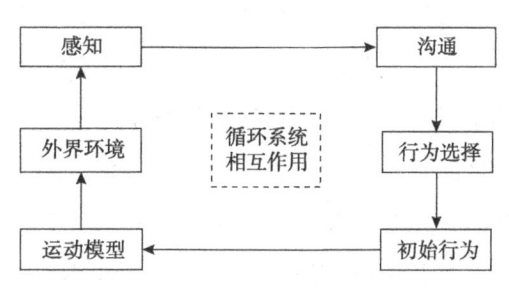

图3-3　大学生群体行为的形成过程

从图3-3可以看出，大学生在群体行为的形成过程中，通过对外界环境的认知与判断获得信息，同时与他人进行互动沟通，形成了初始行为选择；然后在外部环境与自我调适的基础上，形成了相对稳定的群体行为表现形式。对图3-3中的循环系统进行分析发现，由于社会环境与政策处于变化中，大学生群体行为也处于变化中，所以本书在研究高校思政课吸引力提升的问题时，必须高度重视大学生群体行为的变化与需求的变化。

1. 群体中的成员感知外界环境

根据图3-3可知，大学生群体行为的形成源头可以看作外界环境的变化，环境的变化会引起成员的关注和群体的聚集。社会环境、信息、事件等是多样、复杂、主观与客观等相互交织的，而人们的信息识别能力与信息分析能力是有限的，人们在面对这些信息时，会根据个人偏好和需求，选择自己认为重要的、有用的、有价值的信息去分析、吸收或与他人分享，这直接影响了人们对于事件的基本认知。对于同一信息，不同的人感知的结果是不同的，它与个人获取信息的数量、对信息的理解程度、对环境的认知、能力和受教育程度等都有较大的关系，会间接影响当代大学生群体行为形成的结果。

2. 群体成员之间进行沟通与互动

群体行为形成最为重要的环节是群体成员的沟通和互动。我们在对当代大学生群体行为的复杂性进行分析时提到，群体成员的互动和沟通是复杂的，它受各方面因素的影响，不同的互动方式和互动过程可能直接影响个人的行为选择，最后导致群体行为的不同。大学生群体成员之间沟通的主要内容是成员个人根据其掌握的信息与他人进行信息交换，或者通过与他人的交流从其他成员处获取信息，个人拥有信息的多少和个人对自身掌握信息的信任度都会影响个人沟通和互动的结果。

大学生群体成员的沟通主要是非正式沟通，除了班级、社团组织等由学校主导的固定群体，还有一部分大学生群体是自发形成的没有正式约束规则的群体，这种群体对于成员的沟通方式、沟通内容等都没有限制，群体成员是自由的，一般不会受外界环境的约束与限制。但是从整体上来看，由于受成员个人特性、成员拥有信息量、成员在群体中的地位等各方面的影响，群体成员之间的沟通存在完全沟通、不完全沟通和完全不沟通三种情况。不同的沟通方式会影响个人对信息和事件的认知，也在一定程度上决定了个人的行为选择和群体行为的表现。

3. 群体成员进行行为选择

按照群体生命周期理论，群体成员在经过信息感知获取、成员沟通与互动后，会根据互动结果进行个人行为选择，确定个人是根据个体意志表达自己的看法与意见，还是根据群体中其他成员的意见来表达，这种选择会直接影响群体行为的选择方向和群体行为的形成。

大学生群体成员在行为选择过程中，会根据自己拥有的信息和群体中其他成员的选择，做出自己的行为选择，这会成为群体行为的一部分。群体成员在进行行为选择过程中，存在理性分析和非理性分析两种行为趋势。从理性方面来看，个人会根据拥有的信息及与其他成员沟通的结果，对事件等进行详细分析,考虑主客观等方面的要素,进行决策,形成个人行为。从非理性角度来看,群体成员在进行行为选择时,可能会更多地受他人影响,参照他人的选择进行选择,导致从众行为的出现。所以群体行为选择是一个复杂的过程,个人如何选择、为什么这样选择等都会直接对群体行为的表现产生影响。

4. 群体成员进行行为调适

由于大学生的知识能力水平和掌握的信息都是有限的,所以他们对很多问题的分析角度与深度欠佳,再加上外界环境的模糊,使得他们无法在第一时间认识事情全貌,对事情的判断可能存在较大的主观成分,无法确保行为的合理性与准确性。随着客观环境的逐渐明朗化和个人对相关信息掌握得越来越全面与准确,个人对于事件会认识得更加全面、客观和理性,也会随着环境和信息的变化而不断调适行为,使得自己的行为更加理性化。

在群体中,个人行为除了会根据环境和外在信息进行调适外,还会根据群体中其他成员和相关要素的变化而变化。一般来说,大学生群体是以信息分享和人际交往为目的的,是为了解决问题或实现某种特定目标。对大学生群体关注或讨论较多的一些话题进行分析时发现,大学生群体中的成员行为有较大的相似性,这其实就是朋辈群体在个人行为调适方面的作用,个体在群体中,会慢慢地改变想法,这也就促进了群体行为的形成。

3.2.2 大学生群体行为形成的演化机理

大学生群体行为的形成会受到外界环境的作用,环境影响会使成员个人收集与环境、群体、个体等相关的信息,并对其进行分析、判断和认知。在此基础上,群体成员在群体内部与他人进行沟通与互动,根据个人偏好和群体规范做出行为选择,形成群体的初始行为。可以根据初始行为确立群体行为的模型,这个模型在群体环境的作用下,会产生一定的变化,重复之前的感知、沟通与选择的过程,形成群体行为。所以大学生群体行为形成的演化机理是由外界环境的感知、成员互动等要素组成的,在不同环节，成员关注焦点和成员行动方式等都有较大的区别，见图3-4。

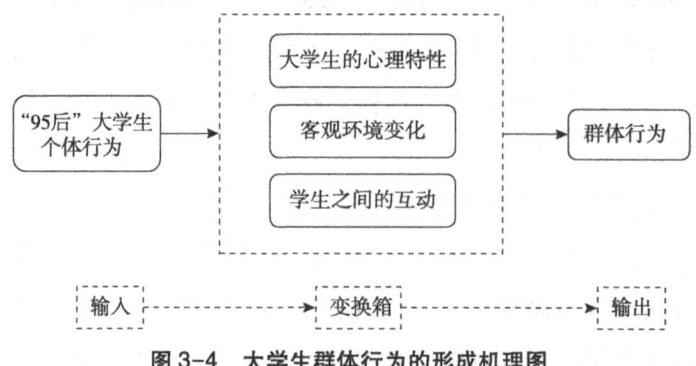

图 3-4　大学生群体行为的形成机理图

从图3-4中可以看出，在大学生群体行为的形成过程中，其行为受到大学生的心理特性、客观环境变化和大学生之间的互动影响。在这个过程中，互动机制也是复杂的，这是3.3节讨论的重点。

3.3　大学生群体行为的互动机制

3.3.1　大学生群体互动的界定

群体动力学的相关研究起源于社会心理学。群体动力学理论认为，只要群体中的个体身边有其他人存在，那么他的行为表现就与他一个人独处时所呈现的状态有所不同，他或多或少地会受到其他人的影响，这是不可避免的。这是群体动力学的核心思想。这个理论也适用于大学生群体，社会从众行为的产生就是基于大学生群体之间的相互模仿与传染。

群体动力学说明，无论是群体中个人行为的形成还是群体行为的形成，都不是孤立的，它们处于不断变化的社会环境中，必然会受到环境变化和周围其他成员等方面的影响。美国社会学家戴维·波普诺认为，社会互动是人们以相互的或交换的方式对别人采取行动，或者对别人的行动做出回应。英国当代著名社会学家安东尼·吉登斯认为，社会互动就是我们对周围的人做出行动和予以反应的过程。

根据互动内容，可以将大学生群体的互动分为两类：人际互动和话题互动。人际互动是群体中的成员以情感沟通和人际交往为目的，通过线上、线下等多种方式进行交流，主要是为了加强与其他成员之间的沟通与了解，增进和其他成员之间的感情，建立和谐的人际关系，为其信息获取、心理健康发展或其他需求奠定基础。话题互动是大学生群体以某个事件或某个问题为载体进行沟通与联系，沟通中其他成员发表的言论或者提供的信息会直接影响学生对相关问题的看法与态度，这种互动也是大学生群体行为的形成基础。

从社会学视角来看，社会互动是一个非常普遍的现象，人与人之间的互动是一个常规性和常态化的过程，只要有群体，群体中的个体之间必然会相互联系、沟通，互动的结果是个人会根据他人的态度和所处情境的变化，重新定义自己的行为与态度，这会引起个人思想观念和行为态度的变化。

3.3.2 大学生群体互动的过程

群体互动是组织行为学、社会学和社会心理学研究的一个重要问题。有学者指出，在社会变迁过程中，社会互动是一个非常重要的因素。社会学家乔治·H. 米德认为，心智发展、自我意识形成和制度形成是社会互动的主要过程，也是社会互动能够产生的主要条件。根据上文对大学生群体互动的界定以及其内容与形式的分析可知，大学生在互动过程中，会根据群体中的信息与资源以及其他人的行为和态度，不断完善并丰富个人的信息与资源，使个人认知更加成熟和全面，达到心智发展的目的；在与他人的互动中，会重新根据情况的变化和他人的态度形成自我意识，即个人行为与态度。在此基础上，群体成员会形成一些非正式的规范或规则，在将其作为约束群体成员行为的制度和标准，从而规范群体秩序，使得群体更加有据可依。所以，根据社会群体互动的原理，本书认为大学生群体互动机制是：在群体内部，成员之间通过暗示、模仿他人的行为调适自己的行为，达到行为同化的结果，使自己的行为与群体保持一致，进而形成群体行为。

1. 暗示与模仿

暗示与模仿是个人心智发展的过程。暗示是有意或无意给出某种刺激的过程，是间接诱导人们接受某种观念或行为方式的过程；模仿是有意或无意对某种刺激做出反应的过程。巴甫洛夫认为暗示乃是人类最简单、最典型的条件反射，它是人类心理和行为很正常的一个表现，可以是自我暗示，也可以是他人暗示，可以通过语言、文字、手势、图片等多种形式表现出来。

模仿是一个基本的社会现象，社会中的任何一个成员都可能产生模仿行为，都可能模仿他人的行为，而且这种模仿有一定的规律，如社会地位低的人喜欢模仿社会地位高的人。模仿具有不可控性，一旦开始就会按几何级数快速增加而不受约束。模仿不仅限于举止方式的模仿，同时也包括思维方式、情感取向等方面的模仿，具有多样化和丰富性的特点。

通过前文的分析可以看出，大学生群体所处的社会环境和群体环境，相较而言还是比较开放、自由的，大学生在意见表达和思想交流方面没有过多的限制，同时也不太受约束，成员可以自由进行思想观念、行为态度的交互。在互动过程中，一些成员通过语言表达、文字表述或图片、视频等形式向他人传递信息与思想，这可能是无意识行为，其出发点是与他人分享思想与观点，但从社会心理学的角度来看，这是一种潜在的暗示。对于接收到这些信息与思想的成员来说，他们会有针对性地吸收一些自己需要的信息，或者与成员进行交流，直接或间接地接受他人的思想，遵循他人的行为或态度。这对于个人来说，是一种潜意识模仿他人的行为。

2. 调适

一个人后来的自我意志是否受到之前制度的约束，要看在这段时期里是否出现了新的情况，个人的利益是否已经改变。随着客观环境的变化，约束人们行为的制度与规范会过时，人们的行为表现方式等也会过时，这就需要我们根据环境和社会需求的变化不断调适，而这种调适是一种自我意识和个人行为形成的过程。

在当代大学生群体互动的过程中，他们并不是别人说什么就是什么，也并非简单地接受他人的行为。在互动过程中，当代大学生会通过上网、上课、与好友聊天等各种形式，接触到新的思想观念和行为态度，会根据客观环境的变化和个人偏好需求，有针对性地接受他人的行为态度，接受环境的变化，并对个人的行为态度和思想观念做出一定改变，这就是一个自我调适的过程。阿尔伯特·班杜拉认为，自我调适是个人的内在强化过程，是个体通过将自己对行为的计划和预期与行为的现实成果加以对比和评价，来调节自己行为的过程。对于大学生在群体中的自我调适来说，它是群体成员互动的结果，个人进行自我调适的目的是让个人行为能够更好地适应环境变化，更好地达到群体目标，完成群体任务，这有利于自我意识和群体行为的形成。

3. 同化

平衡状态不是绝对静止的，一个较低水平的平衡状态通过机体和环境的相互作用会过渡到一个较高水平的平衡状态。当代大学生群体的互动是为了让个人与环境、个人与群体中其他成员能够更好地相互适应，以实现目标。互动过程中与环境和群体其他成员的互动会使成员个人不断根据环境和其他人调适个人行为，可能会接纳他人的价值观念、生活习惯、行为态度和思维模式，形成与他人相同或类似的行为方式，这就是群体成员的同化。同化是群体中非正式的规范或约束形成的过程。

让·皮亚杰认为，一个刺激要引起某一特定反应，主体及其机体就必须有反应刺激的能力，同化是引起反应的根源。在大学生群体中，群体成员会根据个人偏好与兴趣、各类话题与事件等进行交流与沟通，交换意见态度和行为方式等内容，由于当代大学生获取信息的渠道多样且复杂，再加上个人辨别能力是有限的，不可能对所有信息进行全面的分析与判断，故个人会选择部分信息吸收、感知，并与他人进行交流，接纳他人的思想和行为方式，将其作为自己的行为表现方式，这样就使得大学生群体中的成员不断失去个性化的行为方式，其行为表现具有较大的相似性，使得群体行为产生，这就是同化的过程。同化的过程有利于群体中非正式制度与规范的形成，对于群体成员的行为可能起到一定的约束作用，但是同化会造成个性的丧失，使群体的创新能力下降。

　　大学生群体同其他社会群体一样，会按照暗示和模仿、调适、同化的机理进行互动活动，其互动方式更为灵活、多样，为群体成员的信息交流提供了一个较好的平台。大学生群体的互动结果会直接影响个人行为的形成和群体规范与秩序的形成，同时也会对外在环境产生一些影响。

　　网络信息中充斥着西方国家的思想，这些思想甚至一度占主导地位。网络上思想斗争是一场没有硝烟的隐性战争，消极的网络思想具有较强的隐蔽性和渗透性，导致其具有更大的破坏作用。面对这些新媒体、新平台中的思想对大学生思想观念与价值观影响的不确定性和潜在威胁，必须要重视，从思想观念转变开始，在内容方式上创新，在做法态度上突破，缩短与大学生之间的距离，进行"零距离"的引导，通过对话与参与的方式帮助当代大学生树立正确的价值观，才能确保国家的思想安全与文化安全。

第4章

理论框架：教与学关系的框架构建

高校思政课的吸引力提升问题，不能简单说大学生是否喜欢，我们还需要从教师、教学内容、教育目标、教学方式、教育环境等多方面进行分析，探讨这些要素对高校思政课吸引力的影响方式与影响程度。本章以教师和学生为主体，建立基于大学生群本行为的高校思政课建设的理论解释框架，从关系的维度，将高校思政课建设效果分为四种类型：冷漠型关系、代言型关系、无视型关系与合作型关系，从大学生的参与度和教育管理者的重视程度两个方面，推进高校思政课吸引力的提升。

4.1 基于大学生群体行为的高校思政课建设的理论解释框架

美国学者约书亚·梅罗维茨曾指出，电子媒介的出现造成了社会场景的普遍重组，而这种场景的变化会深刻影响场景中的个体甚至整个群体的行为。随着互联网的深入发展，它不仅对个人生活产生了重要影响，也逐步渗透到了政治、经济与社会等各个层面，高校大学生对高校思政课的态度和参与情况与外在环境密切相关。本节从大学生的积极性和教育者的积极性和关注度两个层面分析高校思政课的建设变化过程，这与提升高校思政课的吸引力密切相关。

4.1.1 衡量高校思政课建设效果的关键指标

虽然影响高校思政课吸引力提升和建设效果的因素是多样化的，但是高校思政课建设效果的反馈会直接反映两个主体：学生和教师。不管是什么方式、内容、机构、制度等，都要通过学生和教师发生作用并产生效果。所以本节就从学生和教育者两个角度分析高校思政课建设效果的衡量指标，并以此为依据构建基于大学生群体行为的高校思政课建设的理论解释框架。

1. 大学生参与

大学生参与高校思政课建设反映了其积极性与主动性，受到大学生个人学习热情与偏好、社会促进和课程吸引等多种要素的共同驱动。本节将从大学生参与高校思政课建设的重要性、参与程度、参与的内容等方面分析大学生参与要素选取的可行性与必要性，所以本节的"大学生参与"很多时候用"大学生参与程度"来定量分析。

大学生参与是影响高校思政课建设与发展的重要力量和因素。

第一，大学生的参与程度影响了高校思政课的发展方向、内容与教学方式。大学生参与高校思政课建设是通过表达他们想听什么内容、希望教师用什么的方式进行讲述等体现他们在这方面的意见，会直接影响高校思政课的课程体系设置、课程教学内容的安排以及课程教学方式的规划与调整等。

第二，大学生参与的深度与广度有利于推进高校思政课建设的系统化发展与优化。大学生参与高校思政课建设的程度也处于不断变化的过程中，从一开始不关注大学生想什么，倾向于对其讲解一些灌输性内容，到现在会在学期前、学期中、学期结束等时间节点上，了解大学生对课程教学内容、教学方式、教育环境、教学模式、教学安排等方面的意见等，让大学生能够参与到课程建设过程中，课程再以大学生的意见为基础进行改革与设计，这样能够满足大学生的诉求，提高大学生对课程的接受度与认同度，进而推进高校思政课课程体系的完善与发展。

第三，大学生参与有利于帮助大学生成长成才。大学生参与也是大学生对社会关注、对个人学习诉求表达的一种体现，它通过大学生表达诉求的方式帮助大学生参与社会实践、参与课程建设，这能够培养大学生发现问题、思考问题和解决问题的意识，能够体现大学生关心课程、关心学校、关心社会的意识，能够帮助大学生成长成才。

第四，大学生参与有利于社会主义核心价值观的弘扬，增强大学生的国家认同感和社会认同感。鼓励并帮助大学生参与到高校思政课的建设过程中，让大学生有被重视或主人翁的感觉，这也与大学生参与意识的觉醒有重要关系。大学生通过参与高校思政课建设，能够更加了解教师、理解课程教学内容，这样能够增强大学生对社会主义核心价值观的认同感，加深大学生对高校开设思政课的理解及对各种政策的理解。

在大学生参与高校思政课的建设中，不同程度的大学生参与也会让高校思政课建设过程中教与学的关系有较大的差异。根据参与阶梯理论，可以根据控制权力的大小，将公众参与分为公众控制、协同生产、代理控制、选择、咨询、市场调查、客户信息和告知 8 个阶段，随着社会公众个人意识觉醒程度的加深和控制权力的变大，其参与社会的程度也处于不断上升的状态。同样，由于效果的产生是"一个从认知学习到效果反应再到行为效果的过程"，是一个新的累积、深化和扩大的过程，所以高校思政课建设的效果具有显著的层次性。所以，我们结合参与阶梯理论和效果阶梯理论，立足于思想政治教育过程中受教育者的心理活动、心理变化，建构由认知度、内化度、意向性、一贯性构成的具体的高校思想政治教育效果评价指标，以摆脱评价指标的抽象化困境而使其适用于思想政治教育效果评价实践。

因此，我们将大学生参与高校思政课建设的过程，根据参与内容的多少分成不同的程度，由低到高，可以将其分为大学生被动地和听取意见式地参与高校思政课建设、大学生对高校思政课的教学活动与过程提供意见、大学生与教师共同参与高校思政课的内容设计、大学生负责高校思政课的相关活动。但是这种大学生参与高校思政课建设的分类太过于简单，对于实践中的具体政策，也不具有直接的指导意义和可行性。接下来我们将其进行深度细化，确立更加可行可信的大学生参与高校思政课建设的类型。

高校思政课教学活动的阶段，可分为"思政课教学准备"和"思政课教学实施"两个阶段。在"思政课教学准备"阶段，依据大学生的参与程度对课程内容产生的影响力差异，按影响程度由低到高，可将其划分为告知式参与、有限吸收式参与和决策式参与；在"思政课教学实施"阶段，依据大学生的参与程度对课程内容产生的实质效用差异，按影响程度由低到高，可以分为改善式参与和校正式参与。见图4-1。

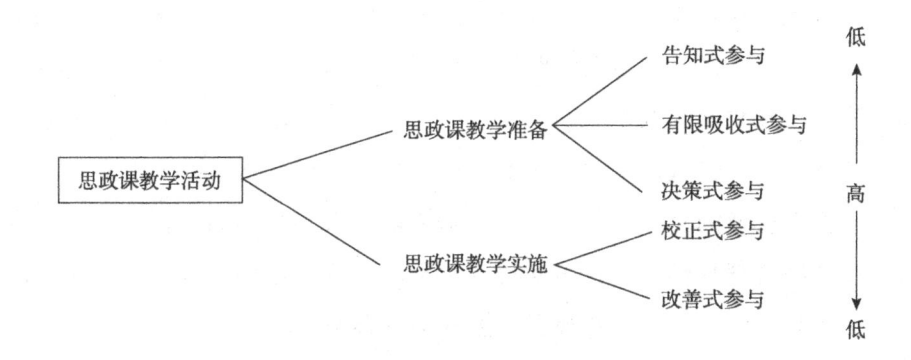

图 4-1 大学生参与思政课建设的具体类型

从图4-1中可以看出，不同类型的大学生参与反映了参与内容和参与程度的差异。不同的参与程度反映的也是不同高校思政课教师与大学生关系的不同，进而可能会影响思政课吸引力的情况。

告知式参与是指在大学生参与高校思政课的过程中，为了让大学生觉得自己受到重视，或者为了完成交办上级的任务，或者为了让课程体现大学生的思想和意志等，通过召开座谈会、上课时提问大学生、让大学生写一写对课程的意见等形式收集大学生的意见。这种参与形式更多的是一种形式化参与，对高校思政课的课程内容、发展方向等的影响程度可能较低。

有限吸收式参与是指在大学生参与高校思政课建设的过程中，高校思政课教师将通过各种渠道收集到的大学生关于思政课建设的意见或建议中的一部分，根据自己的需求与课程建设结合起来。也就是说，大学生可以表达与高校思政课相关的意见，但是被重视的程度，还是要看教师或学校的态度。一般情况下，大学生参与过程中提出的有建设性和代表性的意见，是会被吸收的。

决策式参与是指在大学生参与思政课建设的过程中，对于大学生的意见、建议、需求等是否能得到满足，高校思政课教师或者学校管理者会讨论决定，会尽可能将大学生的意见与建议融入思政课课程教学的具体环节中。决策式参与也是大学生对高校思政课建设影响最大的一种方式。

改善式参与是指在大学生参与高校思政课的过程中，大学生通过实际参与改善思政课建设的质量与效果。校正式参与是指在大学生参与思政课的过程中，思政课的教学内容、教学方式、教育目标都与大学生的需求和期望基本一致，也就是说，大学生通过参与的方式实现了高校思政课教学设计和教学质量的全面优化与完善，既体现了大学生的需求，也达到了高校思政课的教育目标，二者高度契合。所以，从理论层面来看，大学生的参与对思政课的建设效果和吸引力提升是有影响作用的。

近年来，随着互联网的不断发展，网络的开放性、自由性、给予大学生参与的机会与平台，打破了传统大学生参与思政课建设过程中身份、角色、内容与领域等限制，在现实中无法实现的一些意见与建议的表达，在互联网中可以得到充分表达。而大学生基于对网络规律的掌握与运用，通过意见发表和言论表达的方式，将在学习中遇到的关于思政课的问题表达出来，且这一过程中几乎是零成本的。所以，在互联网时代，大学生参与高校思政课建设的积极性与主动性会更高，为提升大学生参与高校思政课建设的水平奠定基础，也为大学生与高校思政课建设关系的变迁提供了基础与条件，提升了大学生参与思政课建设与完善的可能性。

2. 教育者态度

受中国传统政治体制和文化心理的影响，"民可使由之，不可使知之"的思想在正式的组织管理中一直影响着人们的关系。在教育领域，一般来说，教育者一般都处于"一言堂"的状态，而且具有绝对的权威与影响力；大学生处于被动和从属的位置，更多的是接受和学习知识。这极大地影响了大学生学习思政课的热情和积极性。

高校思政课教师对课堂、对大学生的态度，会直接影响高校思政课吸引力的提升。教师或者教育者的态度和大学生参与是互为环境的，教育者对高校思政课的态度越是积极主动，越会关心学生，进而越会开辟较多的渠道和方式促进大学生参与。相反，如果教育者对课程的态度是消极的，也不会设计专门的渠道促进大学生参与，大学生参与的积极性和可能性就会比较小。

所以，在高校思政课建设中，教育者和大学生处于同一个教育生态系统里，高校思政课建设质量的提升需要大学生参与，也需要教育者主动进行内容、信息等方面的交流，那么在这个过程中，就需要各方资源不断协调、相互适应，找出符合大学生需求的高校思政课建设模式，在内容和方式上进行不断的改革与创新。如果教育者只是单一地决定高校思政课的建设模式、教学内容、教学目标、教学方式、教育环境等，得到的结果可能与大学生成长成才的需求并不一致，不仅会让大学生不再接受高校思政课，影响高校思政课的影响力、形象和有效性，同时也不利于大学生的成长成才，所以高校在推进思政课建设和提升思政课吸引力的过程中，必须考虑教育者的态度和积极性。

本节是从教育者和大学生两个维度来分析高校思政课建设的框架的。当代大学生的需求呈现多样化、多元化、多层次化等特点，不同大学生的需求也可能存在不一致性，甚至是完全不同，那么教育者对待大学生的参与也应该有选择性，不能过于盲目，或者过度地讨好大学生。在这里，我们将思政课教师或教育者的态度用回应来表示，并将这种回应分为三种类型：话语式回应、行动式回应和制度式回应。话语式回应就是对大学的意见建议或大学生的参与用解释、回答、表明态度的方式进行回复说明。行动式回应就是对大学的意见建议或大学生的参与用具体的行为进行改进，比如对教学内容的增加、减少，或对教学方式进行完善等。制度式回应就是将大学生的意见建议或大学生的参与通过规章制度或文件的形式表现出来。针对不同的问题与意见、在不同的时期，这种回应也是有着极大的区别和差异的，见图4-2。

从积极性视角来看，教育者的态度也有主动回应和被动回应的区别，

```
                    ┌── 话语式回应    高
       教育者回应形式 ←── 行动式回应    ↓
                    └── 制度式回应    低
```

图 4-2 不同程度的教育者回应方式分类

这是衡量教育者回应程度与回应态度的重要指标。

被动回应其实就是一种消极的回应方式，通常是大学生的诉求被教育者忽视，因而学生直接向更高一级管理人员投诉，或者大学生对思政课的评价非常低，导致教育者不得不关心为什么大学生不喜欢思政课等。被动回应是大学生需求表达后的一种被迫满足。

主动回应是教育主体会根据大学生的潜在需求，及时对其进行回应。也就是说，这种主动回应可能针对的是大学生的潜在需求，这种需求并没有表现出来，但教育者会积极主动地了解大学生的需求，及时反应，或者在"第一时间"通过主动与大学生座谈、个别谈话、调查问卷、观察等多种方式了解大学生的需求，并积极主动进行教学内容的调整与完善。一个有责任的教育者不仅会及时回应大学生表达的意见与诉求，同时也会积极主动地挖掘大学生思想、行为和诉求的改变及其对高校思政课诉求与期望的变化，并在第一时间作出调整，这才是有效的积极回应和主动回应的态度。

在此基础上，我们根据教育者回应的程度与方式，将教育者的回应态度分为职能式回应、诉求式回应、责任式回应和前瞻式回应。

职能式回应是按学校或课程教学管理规定，高校思政课教师或教育者在其职责范围内必须给的回应。

诉求式回应是大学生对高校思政课的课程教学内容和教学方式等有意见和有建议时，高校思政课教师或教育者必须对其进行有效解决的回应。

责任式回应是思政课教师或教育者出于自己的责任，以及高校思政课改革的需求，对思政课教学质量完善进行系列改革与创新的回应。

前瞻式回应是思政课教师或教育者根据社会发展方向、课程建设方向与目标、学生发展需求等针对高校思政课建设的各类回应，这是一种真正的"主动回应"方式，也是一种彻底的主动回应。见图4-3。

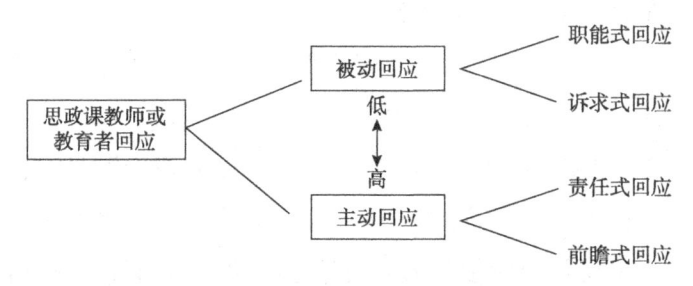

图4-3　高校思政课教师或教育者的回应类型

在大学生的成长过程中，互联网给人们开辟了沟通互动的新渠道和新场域。大学生作为互联网的忠实用户，积极响应、广泛使用，他们的对高校思政课的需求是越来越多，对高校思政课的要求也越来越高。高校和教育管理部门通过方式创新、渠道建立、机制完善、制度保障等多种形式共同优化，实现教育者与大学生的有效互动，让教师和大学生共同参与高校思政课吸引力的提升，开启前瞻式回应，从而全面提高思政课的建设质量。所以，在提升高校思政课吸引力的过程中，必须关注教师的教学方式，提高其积极性，同时也应该尊重大学生成长成才规律和发展过程中的诉求，才能有效地提升高校思政课的吸引力与质量。

4.1.2　基于大学生需求的高校思政课建设效果的理论框架

根据前文对大学生参与的程度、方式与内容，以及教育者的回应态度和回应方式等分析，可以得出，高校思政课吸引力和质量的有效提升，大致经历了"大学生表达需求—教育者改善教学过程—大学生投诉反馈—教育者继续校正和完善教学过程"的过程。在实际的高校思政课吸引力提升过程和建设过程中，教育者与大学生之间可能有互动，也可能没有互动，可能是良性的互动，也可能是恶性的互动，这些都需要根据具体的高校思政课教学过程进行分析。

思政课教育者和大学生之间的可能产生直接的互动关系，也可能产间接的互动关系。他们是高校思政课教学服务平台的建设者，也是服务的间接提供者，同时也承担着对高校思政课吸引力提升的监督职责，并需要对高校思政课的建设效果进行评价。

要想深入剖析大学生与高校思政课吸引力提升的关系，还需要分别对大学生、教育者在高校思政课建设过程中所处的地位、扮演的角色、被赋予的权利和需要承担的责任等进行分析。"所处的地位"是指教育者和大学生在高校思政课建设中所处的位置。他们的位置是有区别的。"扮演的角色"是基于"所处的地位"的，大学生的角色影响其所处位置或地位。"被赋予的权利"有与生俱来的、由地位和角色赋予的，也有别人认可和给予的。这种被赋予的权利也是处于不断变化中的，既与外界环境相关，比如所处地位的变化；也与个人的性格相关，比如不太喜欢权利、不在意这些权利。"需要承担的责任"是应尽的义务、必须要履行的义务。它们之间的内在逻辑关系是：教育者和大学生所处的地位决定了他们各自所需要扮演的角色，他们的各自扮演的角色同时也赋予了其可以拥有的权利，而权利和责任则是相映射的，有权利就必须要承担相应的责任。

基于此，我们构建了基于大学生需求的高校思政课建设的理论模型，该理论模型从教育者和大学生互动的视角，全面分析了影响高校思政课吸引力提升的要素，也分析了在这个过程中，应该如何从大学生、教师、课程等角度提高高校思政课的吸引力，见图4-4。

基于以上分析，从高校思政课建设过程中教育者态度和大学生参与两个方面，界定了高校思政课吸引力提升和建设中"关系结构"的解释框架，每个维度又分"高"和"低"两个层次。在高校思政课建设过程中，将"大学生参与"这个维度，按照参与程度，可以分为深度参与和象征性参与；将"教育者态度"，按照回应程度的高低，可以分为主动回应和被动回应，见下表。

基于对下表中衡量高校思政课建设效果的两个关键指标和两个不同的实现程度进行的交叉分析，形成了高校思政课建设效果的四种模式：冷漠型关系、代言型关系、无视型关系和合作型关系。

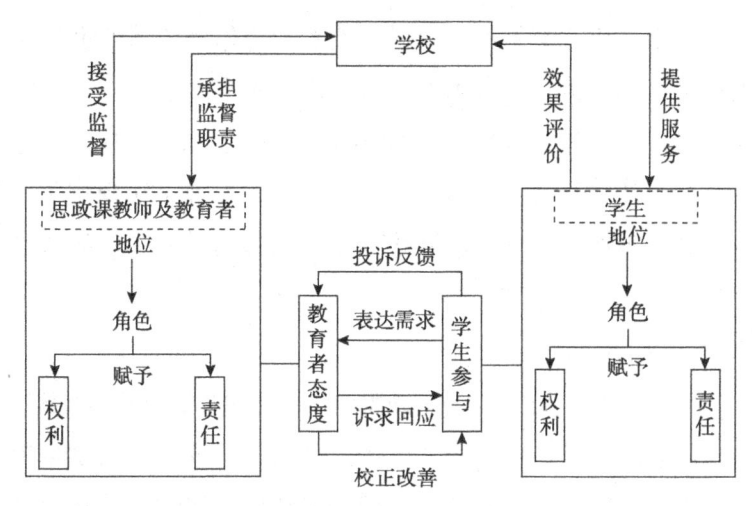

第4章 理论框架：教与学关系的框架构建

图 4-4 基于"95后"大学生需求的思政课建设的理论模型

高校思政课建设中的关系维度及其实现程度

关系维度 \ 实现程度	高	低
大学生参与	深度参与	象征参与
教育者态度	主动回应	被动回应

基于大学生需求，从关系维度建立高校思政课建设的结构模型见图 4-5。

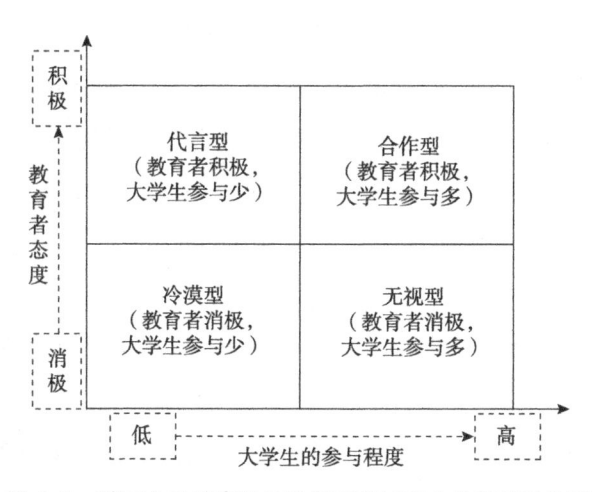

图 4-5 基于主体的高校思政课建设过程中的关系结构图

冷漠型关系、代言型关系、无视型关系到合作型关系的发展过程是教育者态度由消极到积极、大学生参与程度由低到高的过程，逐渐实现了高校思政课建设过程中的"理想化"关系状态。高校思政课建设的过程也是在不断变化的。从最开始的冷漠型关系，到后来出现了无视型关系、冷漠型关系，虽然关系有所改善，但是并不是最完善的，但我们的建设目标是理想化关系。

1. 冷漠型关系

所谓冷漠型关系，是指大学生的整体参与程度低，教育者态度比较消极。在高校思政课建设过程中，大学生上什么课、谁来给大学生上课、大学生怎么上课、教师上课的效果怎么样、大学生上课学到的知识等都是由学校和教师单方面决定的，教育者在高校思政课建设过程中，处于控制的位置，大学生只能被动地接受知识和教育，还必须服从教育者的各类管理，这就是中国典型的应试教育。在这种模式下，学校是高校思政课建设中唯一的"内容供给方"，它们通过制度设计和所拥有的权利优势，"垄断"了信息、资源、知识等资源，有绝对的控制权，大学生基本没有发挥自主学习的空间，想参与高校思政课建设的难度较大。

虽然这是一种不对等的关系，但是很多学生觉得这种方式是理所应当的，因为在中国传统的教育模式和教育理念的影响下，有的大学生觉得，教师在教育过程中本身就处于主体和主导的位置，也乐于接受这种状态；大学生参与高校思政课建设的能力与途径非常有限，获取的政治知识与信息也有限，不仅无法有效地表达自己的合理诉求，可能还会使个人利益受损，所以大学生往往会抱着"多一事不如少一事"的心态处理关系，造成"高校思政课建设与大学生无关"的假象。

2. 代言型关系

在代言型的关系模式中，大学生参与程度低，但是教育者会回应大学生的需求和意见建议等，并且也在挖掘大学生的需求，改革高校思政课建设的效果。在这种模式下，高校思政课建设过程中，大学生参与的作用与程度都是有限的，可能是大学生觉得自己参与能力不足而导致其参与意愿较低，可能是大学生参与积极性不够或参与渠道不畅导致其参与意愿较低，参与积极性不高，于是教育者成了"代言人"，容易产生"一言堂"的现象。

在教育者方面，虽然教育者有回应，但是大部分的回应是一种被动的回应，是基于行政命令实现的回应，所以教育者在回应态度和方式上比较被动，并未完全满足大学生对高校思政课的诉求和对于课程教学内容的需求。高校思政课建设中的教学内容和教学方式等都是"规范化需求"的体现，教育者在听取大学生意见、引导大学生参与、信息公开等各个方面有点停留在表面，大学生在高校思政课建设过程中，仍处于被动接受的位置。

3. 无视型关系

在无视型的关系模式中，大学生参与程度很高，但是教育者的响应态度却不积极。在这种关系模式中，从地位来看，教育者仍然处于主导地位，大学生处于被动地位。虽然大学生很积极，有一腔热血，却被教育者忽视，极大地影响了大学生参与的积极性与主动性。

在这种关系模式下，虽然大学生参与的积极性、主动性和参与意愿都是非常高的，甚至也具备了参与的能力与素质，拥有参与的渠道，但大学生缺少参与制度的保障和回应制度的保障，只是一种象征性参与。从教育者角度来看，教育者并没有完全走出"自我优越感"的怪圈，自上而下的行政命令模式明显，忽略大学生参与的需求，忽略大学生对高校思政课建设的意见，或者虽然听了，但是不会对其意见进行处理。从大学生的角度来看，大学生有极强的责任感和使命感，有很强的学习意愿和很高的课程建设参与度，希望课程能够建设得更好，也愿意参与到高校思政课的建设活动中，并试图寻求新的渠道、方式等参与其中，外在环境可能也正好契合了大学生的需求，为其提供了便利的参与渠道，让他们愿意参与。

但是，教育者的态度与大学生参与思政课建设的诉求不完全一致，导致大学生的诉求可能会被忽略，不仅不利于高校思政课的改革及吸引力的提升，还有可能导致教育者和大学生之间产生矛盾，影响大学生对高校思政课的认同、对高校思想政治教育目标和内容的认同，影响大学生对国家和社会的认同。这就是我们今天为什么必须关注大学生诉求，关心大学生对高校思政课建设的意见和建议的重要原因。

4. 合作型关系

从教育者态度和大学生参与程度两个角度来看，合作型的关系是一种最为理想的关系。这种状态下关系呈现出了大学生的高参与度和教育者积极主动回应的态度。这种高校思政课的建设过程，坚持了供与需的平衡和教与学的平衡，既满足了大学生对高校思政课建设的需求，也实现了高校人才培养的目标，完成了高校立德树人的根本任务，很好地回答了"培养什么人、怎样培养人、为谁培养人"的问题。

在高校思政课建设过程中，教育者放下身段，积极主动打破二者之间的不对等关系，给大学生创造更便捷、更多样的参与渠道与机会，以对话、行动等方式，让大学生最大限度地参与思政课建设，并且针对大学生的意见、建议和需求等，尽可能在思政课的课程改革中体现，让大学生参与成为高质量、高水平的深度有效参与。此时的高校思政课建设也打破了传统的灌输式和"一言堂"的模式，不再是教育者垄断的"附属品"，它的吸引力和教学质量的提升，需要多元主体共同合作实现，同时需要克服供给方和需求方的缺陷，建立以合作为基础的和谐关系。

合作型关系是新时代高校思政课建设和发展的方向，它的形成一方面可以促进高校思政课吸引力的提升和教学质量的提高，进一步优化高校思政课的建设效果，进而让高校思政课真正达到入脑入心的目的，能够让大学生真心喜爱、真心接受高校思政课；另一方面也可以提升大学生的积极性与主动性，增强大学生的成就感以及提升他们对思政课的好感度，增强他们对思政课中相关知识与理论的信服度、对国家和社会的认同感，也有利于社会主义核心价值观的弘扬。

通过本节的分析可知，高校思政课吸引力的提升和建设效果受大学生的参与度和教育者态度两个方面的要素影响，任何一方的弱化都可能会对高校思政课吸引力的提升和建设效果产生影响。所以在高校思政课建设过程中，必须要重视大学生的参与，也就是要关心和关注大学生的行为，这样才能够通过大学生这个主体，全方位提升高校思政课的吸引力。本节通过建立的基于大学生需求的高校思政课建设效果的理论框架，对大学生群体行为和高校思政课吸引力的提升进行了初步说明。

4.2 疏离与低效：课程建设中的代言型关系

在代言型关系中，教育者处于绝对主导的位置，充当着"代言人"的角色，"大包大揽"，职责较多，权利很大；大学生则处在被动位置，少有参与和表达自己意见的渠道，参与意愿也很低，对思政课建设的影响也较小。

4.2.1 代言型关系的现状

从横向来看，虽然新时期给予了大学生很多的机会与渠道，但是他们参与的主动性不足。本节从大学生和教育者两个层面详细分析代言型关系的发展现状。

1. 大学生参与情况

大学生参与渠道少，次数少。在代言型的关系模式里，大学生参与的渠道较少，主要是上课时跟教师反馈、期末评教等；而且大学生参与的次数也是较少的、参与的覆盖面较窄；被动参与多，主动参与少。

大学生主动参与的意愿弱。在这种关系模式下，大学生对学校和教师的依赖性很强，学生参与意识未觉醒，参与意愿较低，想参与、能参与和主动参与的大学生人数较少。大学生在一般情况下是不会主动表达自己的意愿和态度的。面对这种情况需要教育者通过动员或外在激励的方式，提高大学生参与的内驱力。

大学生参与程度低。在代言型的关系模式中，大学生参与高校思政课建设的程度低，只有少数大学生能参与到思政课的建设过程中，发表一些意见。虽然有时学校和教育部等部门设置了参与环节，但更多的是资料检查，高校思政课建设都由教育者"代言"。

2. 教育者态度情况

教育者回应的主动性不足。从理论模型来看，在代言型的关系模式中，教育者在主观上并不主动鼓励学生参与思政课的课程建设，也不会主动挖掘大学生对思政课的需求，是一种"事后逻辑"；教育者挖掘大学生对思政课需求的主动意识是比较低的，也没有意识建立一种让大学生参与思政课建设的规范。

教育者回应的程度较低。在代言型的关系模式中，教育者对大学生需求的回应是一种象征性回应，也不会设置专门的渠道供大学生表达意见，不会鼓励大学生表达需求或参与到思政课的建设过程，对大学生表达的需求或各类意见与建议的处理态度多是拖延，回应程度较低，无法让大学生形成一种学习思政课的成就感和获得感。

4.2.2 代言型关系的特征

1. 教育者与大学生的关系处于不对等的状态

在代言型的关系模式中，教育者和大学生之间的力量对比悬殊，教育者处于控制和主导的位置，大学生处于被动和被主导的一方。教育者可以单方面决定教学内容、教学方式、教育目标和教学设计、时间安排等事项，大学生参与的意见也无法得到有效表达。这就使得思政课教师与大学生之间的距离较远。

从大学生角度来看，他们对教育者的依赖度很高，由于受传统教学方式的影响，以及互联网不发达，除了学校和课堂，他们获取信息和知识的方式有限，这也就使得教育者长期扮演着"代言人"的角色，导致大学生的需求与要求未在课程建设中有较多呈现。这就造成了大学生对教育者的高度依赖，甚至形成了"惰性"，导致参与的有限性。

2. 自上而下的单向路径，缺乏反馈

在代言型的关系模式中，思政课的建设是一种自上而下的单向管理传递路径，教育者是"单一中心"，一方面，多数大学生参与意愿不强，其需求无法得到有效表达；另一方面，当少数大学生有较强的参与意愿时，却缺少参与和意见表达渠道，表达的需求和意见也得不到积极的回应，也影响了大学生参与的积极性。

从教育者态度来看，教育者缺少挖掘和尊重大学生对思政课需求的态度与意识，也没有创造一种良好的与大学生进行互动的环境。大学生和教育者之间的互动少，导致教育者把握不住大学生真实的需求，大学生也不了解思政课课程体系的设置意图，最终造成二者关系疏离，互不了解。

3. 思政课的教学效果不理想

在代言型的关系模式中，思政课建设的整个过程是由教育者掌控的，大学生基本不参与，思政课的教学活动只遵从学校行政教学安排与设计，按部就班地完成，这就造成了高校思想政治教育与大学生的需求与发展可能存在脱节现象，导致了思政课建设的过程与结果的科学性较低，没有体现大学生的需求与想法，教学内容也忽略了大学生成长与发展需求，没有体现大学生的态度和意识，导致思政课的教学内容、教学方式等与大学生的需求存在一定程度的偏差，大学生对思政课的满意度低，课程的吸引力不是很高。

从理论上来说，代言型的关系模式中大学生参与程度低，教育者回应度也低。通过研究发现，这种关系模式是思政课建设早期存在的现象。

4.3 觉醒与限制：课程建设中的无视型关系

在无视型的关系模式中，教育者坚持控制导向的管理，处于强势地位，扮演着"管家"的角色，管理和控制权力较大。与此同时，大学生处于被动位置，其参与意愿高，但是受到参与渠道、参与规则和参与资格等限制，其参与处于较低层次的水平，实际的参与行为也受到了限制，参与效果一般。

4.3.1 无视型关系的现状

在无视型的关系模式中，大学生的参与态度从总体上来看是积极主动的，教育者的态度与回应整体积极，但这种回应是一种象征性的回应，主动性较低。在互联网开始进入大学生学习与生活时，大学生在其接受了较多外部信息与知识后，就开始对思政课的教学内容与教学方式提出了较高的要求。下面从大学生和教育者两个方面详细分析无视型的关系模式中两个主体的特征。

1. 大学生参与情况

大学生象征性参与的渠道多，次数多。在无视型的关系模式中，有很多的渠道可以供大学生表达对思政课的需求和参与思政课的相关建设，比如，发邮件、在课堂上直接与老师交流、给辅导员发邮件、参加座谈会、填问卷、评教等多种方式，所以从整体上来看，大学生参与的次数很多。但是这些渠道的参与，部分是形式化的参与，部分参与渠道带有一定的附加条件。

大学生主动参与的意愿强。在无视型的关系模式中，大学生受外界环境和所接受到的信息等方面的影响，自主自觉意识觉醒，有了"主人翁"意识，他们会积极表达对思政课建设的意见，也会积极表达对思政课教学内容、教学方式等的期望，他们的主动性和自发性都比较强，不需要外在压力。

大学生参与程度有限。在无视型的关系模式中，大学生的参与程度有限，教育者对大学生的需求和意见表达，是一种有限吸纳。教育者为大学生参与高校思政课建设搭建了平台，但是受参与门槛的限制和大学生个人能力的限制，导致其不能顺利地表达意见和需求。这在一定程度上降低了大学生参与的积极性和主动性。

2. 教育者态度情况

教育者的态度不太积极。在无视型的关系模式中，教育者是允许大学生参与到高校思政课建设过程中的，对大学生参与的态度呈现"高包容、低接受"；与此同时，教育者针对大学生参与存在消极回应，对大学生的需求和意见的重视程度不够，或者有选择性地回应大学生对思政课的需求。这容易让大学生形成一种教师对思政课"不积极"的刻板印象。

教育者回应主动性有待提升。在无视型的关系模式中，教育者对大学生的潜在需求和要求挖掘不够，他们较少主动询问大学生对思政课的意见，教育者回应的前瞻性、责任性与主动性都是不够的，没有把大学生放在很重要的位置。

教育部门回应的程度略显不足。一方面，教育者对合理的大学生需求，进行有选择性的或者有限的吸纳，对大学生的意见和需求会选择性回避和拖延；另一方面，教育者会给大学生提供一些参与的平台和机会，但是有时也有一些参与门槛，导致大学生无法轻松参与，降低了大学生参与的积极性。教育者对大学生参与思政课的需求，基本上采取一种"留同舍异"的态度，会造成部分大学生的合理需求得不到体现和满足。

4.3.2 无视型关系的特征

1. 教育者和大学生地位的平等程度略有差异

在无视型的关系模式中，从大学生参与的视角来看，大学生处于被管理的地位，大学生有一定的参与意愿，也有一定的参与能力，他们会表达自己对思政课建设的需求和意见。从教育者层面来看，他们可以通过行政命令、资源配置、信息掌握等方面具备的优势，对大学生参与思政课建设的情况进行干预和影响。大学生参与的权利属于非正式权利，且是被教育者赋予的，权利相对较小，二者之间的权利不平等。

所以，这种模式下的思政课建设，并非严格遵照大学生需求的导向进行教学内容改革与创新，它在很大程度上也受教育管理者需求和偏好的影响，更多是为了实现主流价值观和意识形态的巩固。

2. 教育者和大学生的互动有待提高

在无视型的关系模式中，教育者和大学生是一种双向互动的状态，但这种互动是在教育者主导下的一种互动。在这种模式中，大学生具有较强的参与意愿，会积极通过学校打造的各种沟通平台与渠道，表达自己对思政课建设的意见与需求，积极参与思政课的建设，这是大学生参与思政课建设的开端。教育者会根据自己的需求和思政课课程建设的实际情况，做出一定程度的反应，对大学生参与的意见进行有选择性的吸取。

这种模式下开展的思政课改革与创新是按照自上而下的路径在推进，行政权力和命令仍是推进思政课改革与创新的主要动力，而学生表达出的意见和需求对思政课改革的推动力较小。从大学生参与和教育者互动的过程可以看出，这种互动的层次较低，互动的过程不畅，互动的积极性也不够，两者对互动的需求和目标都是不一样的，所以互动的效果不是很好。

3. 思政课的教学效果有待继续提升

在无视型的关系模式中，教育者会逐步吸纳大学生的意见和建议，但建设过程和结果的科学性较低，大学生对思政课的需求和教育者的改革等仍存在不对称和不契合的情况，大学生的意见没有完全被有效吸纳，会让大学生认为学校和教师对他们不重视、不信任，也会引发大学生对思政课建设的不满情绪，所以思政课的建设效果仍有待提升。

综上所述，在无视型的关系模式中，从理论层面来看，大学生的参与程度较高，教育者的回应程度不高，教育者容易忽视大学生的需求和意见，思政课在进行改革和创新过程中，更多是以目标为导向，而非以学生需求为导向，教育者对大学生需求的回应程度低。这种模式是在思政课改革创新早期面临的问题。当前思政课的建设已经基本解决了这些问题，在实际的思政课建设中，这也是一种"过去式"。

4.4 对话与共赢：课程建设中的合作型关系

在合作型关系中，教育者处于主导地位，大学生处于主体地位。教育者扮演的是"掌舵人"的角色，要通过各种线上线下、正式和非正式的渠道等，充分获得大学生关于思政课建设和思政课吸引力提升的意见，全方位挖掘大学生对于思政课建设的需求，为课程的教学设计和教学内容安排提供依据；也会根据大学生专业特性调整教学内容的重点和教学案例，也会通过回答问题、手机、辩论、演讲汇报等多种方式加强与大学生的互动与沟通。在这个过程中，教育者为大学生充分表达对思政课建设的需求与意见，搭建平台，创造机会，改进过程中也随时听取他们的意见。

对于大学生来讲，扮演着"合作伙伴"的角色，他们的参与行为与学习行为等都是在教育者的指导下开展的，参与渠道也比较多，他们绝对不是思政课教学和教学改革与创新的局外人，他们的意见、需求和建议必须被吸纳进思政课的教学活动中，从而让大学生为思政课的教学发展建言献策。思政课吸引力提升和教学改革与创新等也会坚持以学生需求为导向，也会考虑和满足大学生的意见和建议。合作型关系是当前思政课建设及其改革创新中正在应用的模式，同样也是未来的发展方向，这也是本研究的重点。

4.4.1 合作型关系的现状

在合作型的关系模式中，大学生参与的态度积极主动，教育者或思政课教师的态度与回应也是很积极主动的。尤其是在现阶段，思政课的改革与创新正在往这个方面进行努力，这也是我们思政课未来建设与发展的方向。

1. 大学生参与情况

大学生的参与渠道多。在合作型的关系模式中，大学生参与的渠道是多元化的，保证了大学生与教育者之间沟通互动的畅通性。大学生可以通过座谈会、邮件、课堂提问、网上发言、课堂平台评论、问卷调查等方式，为高校思政课的建设与发展提意见，表达对思政课的需求。这样既给大学生提供了便利，也为其提供了保障。

大学生的参与次数多。在合作型的关系模式中，大学生参与思政课建设改革创新提意见的次数是处于不断增多的状态，他们可以通过座谈会、邮件、课堂提问、网上发言、课堂平台评论等各种方式表达自己的意见，这些渠道不是"面子工程",是实质性的、有效的、活跃的参与平台。

大学生的参与意愿强。在合作型的关系模式中,大学生是主动参与到高校思政课建设过程中的。大学生对思政课有较高的关注度,当教学内容和教学方式不能满足大学生需求时,他们也会通过各种方式提出来,希望教师和学校能够有一定的改进。他们表达需求是自发的,主动性强,而且这种表达需求和意见的现象是一种常态化的现象。大学生对高校思政课的教学内容、教学方式的改革与创新,保持了较高的关注度,想参与到其改革中的大学生人数也是不断在增加的。

大学生参与程度高。在合作型的关系模式中,大学生的参与是深度的实质性参与,且其参与是自由的,能够根据自己的意愿和需求表达看法;大学生的参与方式是独立自主的,大学生有责任感,参与意愿强;大学生具备一定的参与能力,也会查阅相关知识作为依据,确保自己参与思政课建设中提出的意见更加合理。教育者对大学生提出的对思政课的需求和意见的重视程度高,教育者对大学生意见的采纳程度也是比较高的,高校思政课的教学内容与教学方式等与大学生需求的契合度是非常高的。

2. 教育者态度情况

教育者回应的意愿强,态度积极。在合作型的关系模式中,教育者对大学生参与的包容性是非常高的,对大学生参与高校思政课建设也是鼓励的,回应的态度是非常积极的。在这种关系模式下,教育者是一种开放的姿态,鼓励大学生"讲真话",会将大学生的意见与建议等作为高校思政课改革与创新的动力。教育者会为大学生提供参与的保障,也会提供各类参与渠道、平台和机会,建立并完善各类参与机制,鼓励大学生积极参与。教育者积极主动回应大学生需求,既是课程优化需求,也是大学生成长成才需求,更是提高教师能力与水平的需要。

教育者回应的时效性强。在合作型的关系模式中,教育者的回应态度很好,回应的时效性很强。首先,教育者会及时吸纳大学生提出的关于思政课建设的合理化意见与需求。其次,教育者会耐心地与大学生沟通,向其进行宣传高校思政课的教育目标等,让他们更加了解思政课;对大学生提出的批评和建议，也会及时接受，及时解决，及时有效回应。最后，教育者会积极主动地挖掘大学生对思政课的需求，主动进行思政课改革，争取走在大学生前面。

教育者的回应主动积极。在"合作型"的关系模式中，教育者回应的态度积极主动：一方面，他们会为大学生搭建参与的渠道，促使大学生参与渠道的多元化和多样性；另一方面，他们会主动回应大学生关于思政课建设的需求，并将其作为思政课教学改革与创新的重要依据。教育者会把大学生的满意度和课程的吸引力作为重要的评价指标和衡量标准，会主动挖掘大学生的需求，同时也会在第一时间改进，这就是其责任性和主动性的体现。

教育者回应的程度高。在合作型的关系模式中，供给与需求的契合度非常高，它很好地将目标导向和大学生需求导向有效结合。一方面，大学生的参与权利得到了有效发挥，不再只是一个接受教育的大学生，他们是实实在在的参与者、参与主体，主体地位得到提升，这也就鼓励了大学生的参与行为。另一方面，教育者对大学生的参与结果和过程是很重视的，从参与过程来看，教育者会积极主动配合大学生的参与，会积极主动回应大学生的各种诉求与要求，也会主动互动；从结果来看，教育者也会将改革的具体做法及对大学生意见和需求的采纳情况，及时对大学生进行反馈。

4.4.2　合作型关系的特征

1. 教育者和大学生的地位平等

在合作型的关系模式中，大学生和教育者的地位是相对平等的，教育者对大学生的包容度高，大学生也实现了较多的平等参与。社会环境的变化和大学生各方面能力的提升，再加上互联网创造的各种机会与平台，增加了大学生的责任感，他们会积极主动地参与思政课的建设过程。教育者创造了保障大学生参与思政课建设的制度和机制，也为大学生参与思政课建设创造了平台和渠道，有效保证了大学生能够表达对思政课的需求和建议等，确保了大学生能够实现有条件的平等参与。

从教育者的角度来看，教育者对大学生参与的包容度非常高，对大学生的参与持鼓励和支持的态度，一方面积极主动地推进各类主体有效参与到建设过程中，使其成为提升思政课吸引力建设的重要主体；另一方面积极地搭建平台，为大学生参与思政课建设和改革创新创建平台和机会，关心关注他们的意见表达，虚心听取他们的各种意见。

2. 教育者和大学生之间形成了良性双向互动机制

在合作型的关系模式中，教育者和大学生之间是相互影响的，实现了双向的有效互动，教育者鼓励参与，大学生积极参与并反馈。教师不是唱"独角戏"，大学生也不是"旁观者"，教师在积极鼓励大学生参与思政课的建设，提供大学生真正需要的且真正能够提高思政课教学效果的内容。教育者会积极创建参与平台，积极听取大学生对高校思政课建设的需求；在制订教学方案和进行课程设计与安排的过程中，充分考虑其需求和要求。大学生的评价和需求、满意度成为高校思政课改革与创新的重要依据。

教育者和大学生之间的良性互动是"自上而下"和"自下而上"相结合的，教育者依据管理部门的教育目标和教育要求等相关规定，开展思政课教育教学和建设的系列活动，这是"自上而下"的过程；将大学生关于高校思政课建设的需求和意见具体落实到课程教学内容、教学方式的改革中，这是"自下而上"的过程。在合作型的关系模式中，思政课建设质量的提升，是通过大学生"自下而上"的意见表达和教育者"自上而下"的政策落实实现的。

3. 大学生对思政课的需求与诉求得到充分体现

在合作型的关系模式中，关于高校思政课建设，大学生和教育者的目标是一致的，教育者希望能够提升思政课的吸引力和教学质量，而大学生则希望他们能够通过课程获得更加有用的知识，思政课能够更有意思、有意义，所以高校思政课的建设，必须从"教师配餐"到"学生点餐"的方向转变，要问需于学生，问计于学生，善于倾听学生的意见和需求。所以，在合作型的关系模式中，大学生具有较强的责任意识，具备较强的参与能力，也具有较强的参与意愿和参与的积极性与主动性。大学生的需求能够通过合理渠道表达出来，能够得到教育者的认同，教育者也会积极落实这些需求，及时在思政课的改革与创新中体现出来，最大限度地让大学生对思政课的需求与诉求得到充分体现，也极大地提高了大学生对高校思政课的满意度与认同度。

4. 思政课对大学生的吸引力大，课程教学效果很好

在合作型的关系模式中，教育者和大学生是平等的关系，二者之间的良性有效互动能够让大学生了解更多关于思政课建设的信息。教育者及时回答大学生在学习思政课过程中的困惑与疑问，并进行及时的反馈，能够让大学生看到教育者在思政课改革创新中的决心和力度。

教育者会充分利用其在资源配置、信息获取和知识储备等方面的支持，提供充足的人力、物力、财力和政策方面的支持，保障大学生参与的实现；大学生会将自己的需求和意见如实反馈给教育者，教育者依据学生需求对思政课的教学内容、课程设计与安排、教学方式等进行调整和完善，并将其反馈给大学生。整个过程，既体现了教育者与大学生互动的开放性与规范性，也体现了教育者对大学生参与高校思政课建设的制度保障和平台保证的完整性与有效性，这样就会增加大学生对高校思政课的教学内容和教学方式的接受度、认可度与信任度，极大地提高了思政课的吸引力和思政课的建设质量。

综上所述，在合作型的关系模式中，教育者和大学生的态度都是积极主动的，大学生参与程度高，教育者回应积极性高。一方面，大学生能够充分地参与到思政课建设中，教育者对大学生的参与会予以较高程度的回应，二者的互动是双向的良性互动；另一方面，教育者通过互动、协商等多种方式、平台和渠道鼓励大学生参与思政课建设，并辅之于各种制度与政策的保障与支撑，极大地提升了校思政课的吸引力，实现了教育者与大学生之间的"双赢"。

本章从大学生参与和教育者态度两个层面，建立了基于大学生需求的高校思政课建设的理论框架；从大学生和教育者两个主体出发，根据衡量高校思政课建设效果的两个指标的两种实现程度，形成了高校思政课建设效果的四种关系模式：冷漠型关系、代言型关系、无视型关系与合作型关系。研究发现，合作型的关系是新时代高校思政课建设和发展方向，它的形成一方面可以促进高校思政课吸引力的提升和教学质量的提高，优化思政课的建设效果，让思政课真正达到入脑入心的目的，让大学生真心喜爱，真心接受思政课；另一方面可以增强大学生的积极性与主动性，增加大学生的成就感，增强大学生对思政课的好感度，有利于增强他们对思政课中相关知识与理论的信服度，增加大学生对国家和社会的认同感，也有利于社会主义核心价值观的弘扬。

第5章

实证研究：高校思政课吸引力的现状分析

本章将理论与实践相结合，采用实证研究的方法，从思政课吸引力要素的构成，到高校思政课对大学生的吸引力现状的实证分析，多维度、多视角、多主体分析新时期高校思政课的吸引力现状，为后文分析影响高校思政课吸引力的要素奠定基础。

本章以大学生群体对高校思政课的态度为出发点，从教育主体、教育对象、教学内容、教学方式、教育环境和教育目标六个方面分析思政课吸引力构成要素的特征和将其作为分析要素的重要性。基于供给与需求的关系，从教学内容、教学方式、教师、教育环境和教育目标等方面详细分析了高校思政课对大学生的吸引力现状，从供需关系角度出发探讨高校思政课对大学生的吸引力，总结出了不同要素对高校思政课吸引力的影响方式和影响程度，为后文研究相关的对策建议确立基础。

5.1 思政课吸引力的构成要素

吸引力是指能够引导着人们朝一定方向前进的力量。将这一概念引申到高校思想政治教育上来可知，高校思想政治教育作为一种力量，是指广大高校学生在思想政治教育目标的指引下、思想政治教学方式的指导下以及思想政治教育环境的影响下，朝着思想政治教育的既定任务前进的力量，这种力量在实践中所反映出的效果好坏就是高校思想政治教育吸引力本身。

高校思政课教学的吸引力就是高校思政课教师通过教学方式和教学载体把受教育者——大学生的注意力、情感、观念等吸引到自己所传播的内容上来的力量。根据第1章提出的关于高校思政课吸引力的内容，本节将从思政课教育主体的吸引力、思政课教育对象的参与、思政课教学内容的吸引力、思政课教育方式的吸引力、思政课教育环境的吸引力、思政课教育目标的吸引力六个方面的内容来分析。

5.1.1 教育主体的吸引力

思想政治教育是人的灵魂的教育，教育者必须更新教育观念，与时俱进，吸收新思想，解决新问题，才能不断满足青年学生的需要，思想政治教育也才能入脑入心。思政课的教育主体就是思政课教师。思政课教师作为传播马克思主义理论，培育大学生理想信念和道德情操的"人生导师"，对当代大学生的成长成才至关重要。思政课教师是受过马克思主义系统教育的专业人才，在高校中不仅承担着教书育人的职责，更肩负着传播马克思主义信仰的使命。思政课教育教学活动，实际上就是教育者对受教育者人格意志品质的塑造过程，除了认知层面的导引，情感意志层面的熏陶往往是在人与人之间潜移默化的隐性教育中完成的，思政课教学是教育者与受教育者思想的碰撞、信仰的耦合、情感的共鸣和心灵的沟通，因此，取得教育效果首要前提便是要求教学双方进行有效的交流并且逐步增进对彼此的了解。

在传统的思政课教学活动中，思政课吸引力在极大程度上需要依赖思政课教师吸引力呈现出来，因为不管是教学内容、教学方式还是教育目标，都要通过教师这个载体体现，所以思政课教师的吸引力对于提升思政课的吸引力，是至关重要的。思政课教师的吸引力主要体现在教师自身的专业能力、道德品质、口才上，甚至还体现在外貌特征等方面。思政课教师，首先要具备专业的理论知识和素养，能够将与课程相关的知识点通过理论与实践相结合的方式呈现给学生，将教材语言转化为教学语言，让学生能够听懂专业知识；其次要拥有较高的道德水平，真正做到教书育人，通过自己的道德素质和人格品质影响大学生做一个有道德、有情操、有修养的人；再次要能够关爱学生，贴近学生，用道德的感召力影响学生；最后要有一定的人格魅力。

所以，这就要求高校思政课教师要在专业知识、个人能力与素质以及个人魅力等各个方面共同发展，这样才有可能通过自己影响学生、感召学生、吸引学生，进而提升高校思政课的吸引力。

5.1.2 教育对象的参与

青年最富有朝气，最富有梦想，是国家未来的领导者和建设者。习近平总书记曾说：实现"两个一百年"奋斗目标，你们和千千万万青年将全过程参与。"两个一百年"的奋斗目标必将贯穿当代大学生群体的一生，他们将是实现该目标的最重要主体之一。

杰罗姆·布鲁纳认为，"让学生主动去学习最直接、最有效的方法就是培养他们的兴趣"。在思政课教学中，大学生的参与情况直接影响高校思政课吸引力的表现。从当前高校思政课的开展情况来看，有少数学生对马克思主义相关理论是一知半解的，必须提高他们的课堂参与度，才有可能提升思政课的吸引力。大学生社会经验不足，辩证思维能力有待提升，所以在高校思政课教学过程中，要让大学生积极参与到教育教学活动中，一方面能够让其积极为思政课的发展提出有效的建议和意见；另一方面能够让其积极参与思政课的课堂教学，更加了解思政课的建设目标和相关政策，这样才能够增强大学生对思政课及其教学内容的认同感。所以，在思政课教学过程中，教师也必须充分调动学生有效、积极地参与课堂教学活动，才能提升思政课的教学质量与水平。

5.1.3 教学内容的吸引力

教学过程本质上是教学内容的传递与信息获取中的师生交往活动，教学内容是体现教学活动吸引力的核心要素与内容。在高校思政课吸引力提升过程中，教学内容一直都是建设的重点。增强高校思政课教学内容的吸引力可以从教材建设和教材内容呈现两个方面来做。

第一，教材是基础，它给思政课须呈现的教学内容提供方向，教材内容的科学性、革命性和实践性的统一，是理论焕发真理光辉和魅力的坚实基础，并成为大学生认识和改造主客观世界的思想武器。"05方案"后对高校思政课进行的改革，首先开展的就是对教材进行完善与改革。在过去的十余年里，主管部门先后对各种思政课教材进行了数次改版与完善。

第二，教材呈现是核心，就是教学内容的解释力。它是一个综合性指标，不仅仅与内容本身相关，同时也与教师、教学方式等密切相关。教学内容的呈现，是教学内容解释力的有效体现，但这是最难做的。思政课是集思想性、理论性与实践性于一体的课程，教学内容要讲清基础理论知识，突出课程的思想性，也必须与学生实际相结合，能够让大学生听懂，同时还得与大学生的学习生活相结合，让他们感同身受，愿意听。所以，提升思政课教学内容的吸引力对于提升思政课的吸引力，是最重要的。

从近年来我国关于思政课的改革创新系列活动与政策安排可以看出，教材的编写与更新、教学内容的丰富与安排、集体备课等制度，都是为了提升高校思政课教学内容的吸引力和教学活动的有效性。思政课的内容不断丰富，这就要求课堂教学要能够跟得上时代步伐，提高教学内容的时代性和亲和力。

5.1.4 教学方式的吸引力

教学方式是指在教学过程中起到媒介作用的一切策略与手段，是挖掘和呈现教学内容的科学性和丰富精神内涵的重要手段。思政课教学方式科学、合理、恰当、有效的使用是提升高校思政课吸引力的重要方式。虽然传统教师采用理论灌输式的教学方式，可以有效地传播教学内容，但是学生参与度低，容易让学生感觉无聊和枯燥，无法提升高校思政课的吸引力。当代大学生成长的环境是丰富多元的，单一化的教学方式无法有效地调动他们学习的主动性。这就要求思政课的教学方式，要充分体现学生的行为特性和需求、时代的特色性与优势，要将多元化、丰富性、有效性等教学方式充分应用到高校思政课教学活动中，才能调动学生的参与性，进而调动学生学习思政课的积极性，才能有效提升思政课的吸引力。

所以，在思政课教育中，除了要使用传统的面对面教学外，更为重要的是，还需要将一些互动讨论、案例教学、演讲汇报、辩论、情景表演等多样化的教学方式运用到教学活动中，同时还需要将最新的 5G 技术、

VR/AR 技术等新兴信息技术手段应用到思政课教学中，这样才能让思政课的教学内容呈现方式呈现多元化，更具张力和吸引力。

5.1.5　教育环境的吸引力

正如列宁所言：不能认为人们的思想和感情似乎是偶然出现的，而不是从一定社会环境（它是个人精神生活的材料、客体它从正面或反面在个人的思想和感情上面，反映在代表这一或那一社会阶级利益上面）中必然产生的。社会生态系统理论认为，个人行为不仅受身边事件的直接影响，也受更大范围里各类环境的影响；个人所面临的社会生态系统可以细分为五类——微系统、中系统、外系统、大系统、长期系统，这些系统分别代表个人需要面对的不同层面的环境和问题，它与个人的成长、发展过程以及个人行为观念的形成密切相关；处于社会生态系统中的人必然会与周围的各类环境进行互动和相互作用，并受其影响，它伴随着个人的成长与发展过程。

思政课教学总是在一定的氛围中进行的，这种氛围主要是由教风、学风、教育环境及其相互作用而形成的一种群体心理状态，即教学过程中师生相对稳定的知觉、注意力、情感、意志和思维定式状态。高校思政课的教育环境对高校思政课吸引力的影响是间接的，它通过影响大学生对整个环境的"认知—情感—行为"，影响大学生对思政课的态度。

所以，为了提高思政课的吸引力，必须对高校思政课教育环境进行完善，主要包括学校的学习氛围与文化环境、教室的基础设施和教学设备、教学过程中能够使用到的技术、课堂教学过程中大学生的学习氛围等，这些都属于高校思政课教育环境吸引力的重要组成部分。教育环境越好，学习氛围越是浓厚，能够使用的教学技术越是多样，就越能够给大学生群体带来轻松、自由、开放的学习环境，也会让大学生越喜欢上思政课，进而提升思政课的吸引力及大学生对思政课的认同度。

5.1.6　教育目标的吸引力

要实现教育目标，首先在目标设定的时候就要尊重学生学习发展的客观规律，努力做到在尊重学生人格的同时，使教育目标的内容和学生的实际利益结合起来，避免因教育目标设定得太"高大上"而让学生望而生畏。思政课教育目标是指通过思政课的教育教学活动，让大学生树立正确的世界观、人生观和价值观，提高大学生的思想道德水平和综合素质，帮助大学生提高辩证思维的能力，培养大学生理性思考的能力与水平。对于高校思政课而言，它不同于其他专业课程，它最根本、最核心且不可动摇的目标是政治属性，是对大学生开展思政课教学活动中必须要保障的。

所以，高校思政课教育目标在体现马克思主义基本理论知识的同时，还必须能反映学生的需求，要"接地气"，只有使二者完美结合，才能确保思政课教育目标具有吸引力。

教育目标要引导教育对象的思想、观点和行为，朝着社会所需和有利于自身发展的方向发展，教育对象自然也受这一根本目标和各阶段具体目标的制约和引导。教育对象参与了教育活动后，思想观点和行为会有所变化和发展。从本质上来说，这是教育目标在教育对象身上的物化和具象化。这就要求高校思政课的教育目标必须能够体现大学生群体成长成才和发展的需求，同时也能够与时代特色相结合。

通过近年来国家关于高校思政课的改革创新过程，我们也能够看出，思政课不仅保证了教育目标的政治属性，同时也在保持其时代性、特色性上下了不少功夫，让思政课更加接近大学生的学习生活，也更加受到大学生欢迎与认可。

综上所述，高校思政课吸引力的提升，需要从教育主体的吸引力、教育对象的积极参与、教学内容的吸引力、教学方式的吸引力、教育环境的吸引力和教育目标的吸引力六个方面共同努力才能实现，而且这六个方面是相辅相成、相互作用的，每一个方面都无法实现独立发展，所以高校思政课吸引力的提升也是一项复杂的工作，它需要高校思政课教师关注各个方面，才能全面提升思政课的吸引力。

5.2 思政课对大学生群体的吸引力现状

根据高校思政课吸引力的构成要素，本节从教学内容、教学方式、思政课教师、教育环境四个方面，从供给与需求两个角度，对大学生对思政课的需求及思政课的教学现状进行分析，将期望与现实进行对照，找出差距和可改进之处，确定可能存在的影响高校思政课吸引力的因素，为后文分析奠定基础。

5.2.1 教学内容层面

在"内容为王"的互联网时代，高校思政课活动能否得到当代大学生的关注，能否吸引大学生，关键在于内容能否取胜。目前高校思政课教学中，仍以思想道德素质教育、政治理论教育为主，其中党史国情教育、理论知识教育和时事政治教育占据了相当大的一部分，教学仍是以理论教学为主。虽然教师在教学过程中也会增加一些热点问题，将理论跟大学生的实际相结合，这种情况也是非常多见的，但是对于大学生来讲，他们需要的是全面丰富、有价值、有趣的内容，不仅仅需要理论知识，更为重要的是，他们需要与社会发展、与个人发展、与时代发展相关的知识，希望获取更多不一样的有价值的知识，也希望思政课教学不是简单的理论说教；他们希望在思政课的课堂上，更多的是对社会热点问题的分析、对有争议问题的分析、对问题的辩证分析等。见图5-1。

从图5-1可以看出，他们更加希望听到教师对社会热点的分析，获取对大学生实用的内容，而由上文对当前思政课教学内容供给现状进行分析可知，这些内容在教学中有涉及，但不深入。与此同时，进行深入分析发现，大学生对思政课教学内容的要求集中在几个方面：一是，能听懂。大部分学生希望老师能够突破理论限制，在讲清楚理论的同时，更多的是要用学生喜欢听和能听懂的方式讲理论，这样才能够体现思政课的教育意

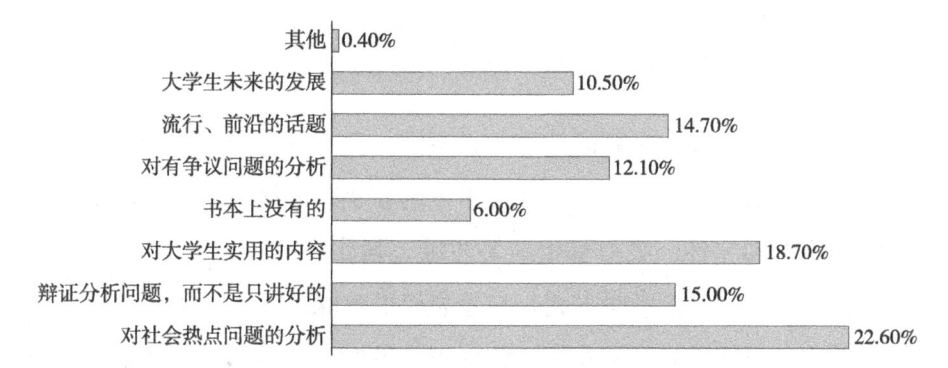

内容	比例
其他	0.40%
大学生未来的发展	10.50%
流行、前沿的话题	14.70%
对有争议问题的分析	12.10%
书本上没有的	6.00%
对大学生实用的内容	18.70%
辩证分析问题,而不是只讲好的	15.00%
对社会热点问题的分析	22.60%

图 5-1　学生希望在高校思政课课堂上听到的内容和获取的知识

义。二是,要有用。贴近生活和实际,能够用生活中的语言和例子吸引学生关注,引发学生共鸣;要将理论与实践相结合,要贴近学生,才能提高参与的有效性和教学的有效性。三是,要有突破,教学内容要讲到位。思政课在教学内容的把握上,要创新,但不能越位,这是基本;该讲的问题要讲到位,不能缺位,要有理有据讲明白,才能确保教学内容的教育价值。四是,要不断与时俱进。大学生在思政课中,想听到一些创新的内容与知识,但少数教学内容在更新上不太及时,影响了思政课的吸引力。

所以,针对当前思政课教学内容存在的供给与需求不对应方面的问题,在进行课程教学内容建设层面,要突出"问题导向",聚焦于新时代最重要、最现实的问题,把研究和回答问题作为出发点和落脚点;要突出学术创新,强调追求真理、勇于创新的态度和精神,增加更多原创性的学术成果;构建课堂教学的学术话语体系,研读经典,打造有温度、有感情、有厚度的思政课课堂;要善于将科研成果转化为教学成果,形成探究式、个性化、参与式、启发式的教学语言风格,让学生主动地"坐到前排来、把头抬起来、提出问题来",从而增强马克思主义理论本身的解释力、说服力和感染力。

通过以上的对比分析,我们可以看到学生对思政课教学内容的期待与现实教育之间的差距,这些差距不仅说明了为何思政课缺乏吸引力,也给思政课教学内容的改革提供了思路与方向。

5.2.2 教学方式层面

采用的方法不同，得到的效果势必不同。教学方式对高校思政课吸引力存在双重影响，一方面可以提升大学生的积极性与主动性；另一方面可以增加内容的趣味性，吸引学生的关注度。强化高校思政课的方法建设，探讨多样性、多元化的教学方式一直是高校思政课建设与改革的重点。

当前高校思政课教学活动中，常用到的教学方式是理论讲授、课堂互动、案例分析、演讲汇报、课堂辩论等，同时还会通过一些课外实践和社会考察等实践教学活动进行教学。近年来，随着国家对思政课重视程度的提高，思政课的教学方式也在不断完善，教学方式越来越"接地气"、越来越具时代性、越来越受学生喜欢。

通过调查发现，大学生更喜欢课外活动与实践，希望以互动式、讨论式的方式参与课堂教学活动，能够表达个人观点与思想，体现个性。见图5-2。当前，高校思政课的教学方式是多样的，有理论性的，也有实践性的，有以学生为主体的，也有以教师为主体的，更多的是鼓励学生更多地参与到思政课的教学活动中，充分调动学生参与课堂的积极性，以形成良好的思政课教学氛围，提升思政课的吸引力。所以，目前思政课的教学方式虽然具有多样性，但是在教学方式的呈现上，理论教学仍体现较多，实践教学和互动教学体现得不够多，需要在这一方面进行不断的突破与创新。

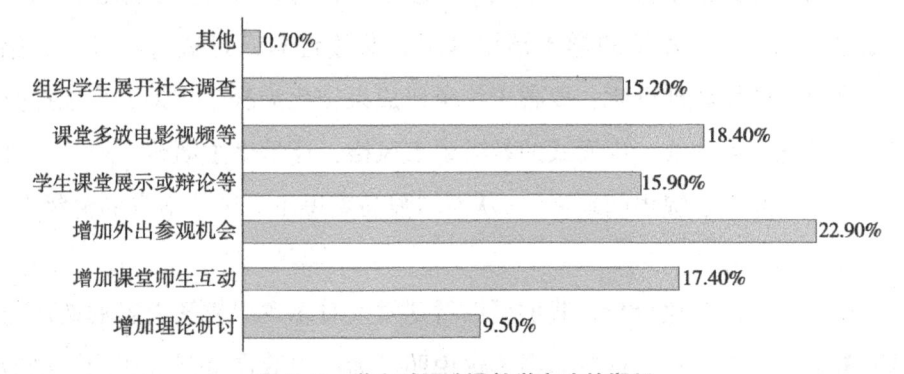

教学方法	比例
其他	0.70%
组织学生展开社会调查	15.20%
课堂多放电影视频等	18.40%
学生课堂展示或辩论等	15.90%
增加外出参观机会	22.90%
增加课堂师生互动	17.40%
增加理论研讨	9.50%

图 5-2 学生对思政课教学方法的期望

从大学生对当前高校思政课课堂教学方式的评价和期望可以看出，在思政课教学方式的供给上，思政课教学采用的还是理论讲授为主，其他方式为辅，导致课堂没有完全调动起学生的参与性和积极性。在需求层面，学生更希望能够有多一些的社会实践机会、外出参观的机会，教师应该组织学生进行一些社会调查，开展一些社会考察，让他们更好地认识社情和国情；在课堂上，教师应该再多组织一些互动和研讨，让学生发表一些自己的想法，同时用视频等多样化的元素丰富教学内容。所以，从总体来看，在思政课教学方式上，教学方式的供给与大学生群体对教学方法的期待，还有一些差距，所以在教学方式层面，还需增加高校思政课的吸引力。

5.2.3 教师层面

教师对于学生，既承担着传播知识的重要作用，也承担培养人才的重要职责。教书与育人是一体的，教师既要用知识提高学生能力，也要用言传身教当好学生的"引路人"。高校思政课教师则显得更加重要，因为思政课是每一个大学生都要上的课，它可以影响到所有学生。近年来，思政课教师队伍的年轻化态势越来越明显，青年教师的比重逐年增大，尤其是"90后"青年教师也已经进入教师队伍。思政课青年教师与学生年龄较接近，对学生有极强的吸引力和影响力，所以高校思政课的发展走向与思政课教师息息相关。

当前思政课教师队伍中的，"90后"教师已然成为主力，他们是伴随着改革开放成长起来的一代人，成长过程中受多元文化的熏陶，系统学习并掌握了马克思主义的基本理论与研究方法，他们的马克思主义信仰理论性强、思想道德素质较高、专业理论水平高、政治信仰坚定，能够充分满足大学生的需求。相对于教师内在的思想政治素养，教师在教学环节中的教学态度、采用的教学方式、与学生的关系仍有较大的提高空间。

通过对比分析发现，当代大学生普遍认为，思政课教师在专业知识、理论素养和政治信仰上没有问题、绝对可靠，但这却不是大学生最为关注的。学生最关注的三项内容是：教学内容是否有趣、教学方法是否花样多、教师对学生好不好。思政课教师当前表现较好的三个方面是专业理论水平高、政治信仰坚定和思想道德素质高。这也让我们看到了当前对思政课教师培养中存在一个"供给与需求的偏差"。这为加强思政课教师自身能力与素质的建设提供了参考。在加强教现队伍建设的过程中，教师的专业能力和道德素质固然重要，但是也不能忽略对师生关系和教师教学方式的灵活性的相关培训。

由于在思政课教学过程中，教师的态度、能力与言论等都会对学生产生较大的影响，所以必须高度重视教育主体各类思想的渗透性。从大学生的反馈可以看出，学生对教育主体的要求体现在将理论与实际相结合，有一定的政治素养，能够与时俱进，了解学生特色与需求，同时有个人魅力，能够发挥个人影响力来引导学生。当代大学生对思政课教师的期望是比较高的，这对所有的思政课教师来说，任重道远。

5.2.4 教育环境层面

思政课的教育环境可以从内外两个角度来分析：前者是思政课自身和高校的建设环境，它影响了学生的学习态度；后者是社会大环境，即政治、经济、文化等各个层面的影响。

第一，从思政课自身和高校建设环境来看，思政课整体的建设环境有所好转，但是仍有较大的提升与发展空间：思政课不是专业课，学生对其重视程度不够；思政课的教学内容和环节安排不丰富，难以调动学生参与的主动性和积极性；思政课多为开卷考试，通过率高，学生的重视程度不够。所以，对于思政课的学习氛围建设还是要回归到课程内容创新、教学环节创新，以及完善教学安排和课程设置上。

第二，从社会氛围层面来看，社会多元化的环境使大学生接触到的信息更加多元、多样、多元的价值观念与思想也影响了大学生价值观的形成；多样化的信息与观点交织也对思政课中的一些观点与理论产生了一些挑战，会让大学生的价值判断或理想信念摇摆不定。所以，营造风清气正的社会环境与网络环境，对于思政课吸引力的提升来说，也有一定作用。

从整体上来看，大学生对思政课是比较认可的，能够较准确、清晰地认识思政课的价值、意义与重要性；但从大学生对思政课吸引力构成要素的评价来看，高校思政课的吸引力还有待提升，其教学内容、教学方式等有待改善。

5.3 各要素对思政课吸引力的影响

本节结合问卷调查，采用因子分析的方法，深度剖析影响大学生群体学习思政课的动机有哪些，以及大学生是出于什么目的学习思政课的，为后文分析影响思政课对大学生群体的吸引力奠定基础。

1. 因子分析

通过对问卷调查数据进行信度和效度分析，研究其是否能够进行因子分析。见表5-1。

表5-1 KMO和巴特利特检验

KMO取样适切性量数		0.876
巴特利特球形度检验	近似卡方	4585.235
	自由度	55
	显著性	0.000

从结果上看，KMO取样适切性量数为0.876，说明问卷结果有较好的效度，显著性为0.000，说明问卷结果有很好的效度，同时也说明，问卷调查的结果数据适合做因子分析，见表5-2。

表5-2 总方差解释表

成分	初始特征值			提取载荷平方和			旋转载荷平方和		
	总计	方差百分比	累积百分比	总计	方差百分比	累积百分比	总计	方差百分比	累积百分比
1	4.672	42.475	42.475	4.672	42.475	42.475	3.157	28.701	28.701
2	1.432	13.015	55.490	1.432	13.015	55.490	2.265	20.588	49.289
3	1.127	10.250	65.740	1.127	10.250	65.740	1.810	16.451	65.740

续表

成分	初始特征值			提取载荷平方和			旋转载荷平方和		
	总计	方差百分比	累积百分比	总计	方差百分比	累积百分比	总计	方差百分比	累积百分比
4	0.716	6.510	72.250						
5	0.668	6.073	78.322						
6	0.539	4.900	83.223						
7	0.454	4.127	87.350						
8	0.407	3.701	91.050						
9	0.373	3.389	94.439						
10	0.330	2.997	97.437						
11	0.282	2.563	100.00						

由表 5-2 中的主成分特征根和贡献率可知，特征根 $\lambda_1 = 4.672$，特征根 $\lambda_2 = 1.432$，$\lambda_3 = 1.127$，前三个因子的累计方差贡献率达 65.74%，即涵盖了大部分样本的信息。这表明前三个因子能够代表最初的 11 个指标来分析被访者学习思政课的原因，所以我们提取前三个因子，分别记作 F_1、F_2、F_3。旋转后的成分矩阵见表 5-3。

表 5-3 旋转后的成分矩阵

题目	成分		
	1	2	3
对课程内容感兴趣	0.756	0.187	−0.190
真心喜欢思政课	0.780	0.211	−0.290
课程很有用，能够学到很多知识	0.791	0.226	−0.101
身边同学的影响，他们也在认真学习	0.526	0.290	−0.095
思政课学习对我未来发展意义重大	0.713	0.164	0.051
对授课老师感兴趣	0.268	0.753	−0.118
老师的教学方式多样有新意	0.246	0.841	−0.067
老师的语言幽默风趣有感染力	0.182	0.846	−0.080
为了拿学分，完成规定学习任务	−0.320	−0.099	0.772
为了获得高分	0.082	−0.067	0.829
为了应付课堂考勤	−0.542	−0.138	0.599

从表 5-3 来看，因子 F_1 主要表征对思政课内容的兴趣、对思政课感兴趣和课程有用性 3 个因素，记为需求性要素，是内在动机。因子 F_2 主要表征对教师的兴趣、教师授课方式和教师感染力 3 个因素，记为教育主体要素。因子 F_3 主要表征学分激励、高分激励和考勤激励 3 个因素，记为功利性因素，是外在动机。其中，因子 F_1 和 F_2 表征的是个人因素。

课程的吸引力在学习者身上表征为课程内容的价值与趣味性以及学习过程中的主动性、持续性、学习层次等。如果学习者受发展兴趣、丰富自身知识等内部激励因素的驱使而主动参与学习，学习过程中则较为主动、学习行为持续、学习层次深，易于形成对问题的持续关注，能够完善并不断丰富自我的认知体系；如果学习者只是为了取得学分、应付课堂考勤、获得高分，则在学习过程中较为被动，学习效果会大打折扣，学习行为往往随着课程的结束而结束；如果学习者觉得课程内容是比较有意义、有价值或者有趣的，他们则可能更加关注课程，更喜欢思政课。因此思政课应该注重内容建设，增强内容对学习者的吸引力，而不是一味地以高学分、密集的考勤给学生施加压力。

教师在提升思政课吸引力中扮演着重要的角色，教师的授课方式决定了课程内容的呈现形式，教师的表达能力决定了知识传达的程度，教师自身的人格魅力决定了学生的沟通意愿。首先，教师掌握正确的授课方式能够最大限度地满足学生的诉求，教学有节奏感、主次分明、情境设置合理则容易增强学生的学习兴趣；其次，有感染力的教师能够将较为枯燥的知识具象化于具体的情境中，或是通过幽默的表达技巧调动学生情绪，引起学生共鸣，学生在课程中更容易有代入感与参与感；最后，教师自身的人格魅力对于学生的影响更为持续深远，易于亲近和沟通的教师更能够吸引学生在课余时间参与思想政治学习，教师与学生保持密切的沟通有助于教师及时为学生答疑解惑，提供有益的学习途径，也使学生的课余学习能够有反馈的渠道。

外在动机就是大学生学习的目的，这与大学生的学习诉求是密切相关的，这也再次证明了之前提到的大学生群体学习思政课具有较强的功利性动机。下文会详细分析大学生学习思政课的三个动机与高校思政课的吸引力的关系。

2. 各要素对思政课的影响

下面结合前文分析的大学生学习思政课的动机,以及高校思政课吸引力的现状,对高校思政课吸引力的整体评价状态和影响高校思政课吸引力的要素进行全面分析。

(1) 各要素与大学生思政课满意度的关系。高校思政课的满意度(S)反映了教学内容、教学方式、课程设置等在教育过程中的有效性,也反映了大学生对思政课当前思政课的教学内容、教学方式以及教师的能力与素质等的接受度与认可度。分析当前大学生对高校思政课的满意度与各个影响要素之间的关系进行分析可知,$R=0.503$,$R^2=0.253$,$P=0.000<0.05$,说明二者之间有显著关系。见表5-4、表5-5、表5-6。

表5-4 模型基本信息表

R	R^2	调整后R^2	标准估算的误差	更改统计			
				R^2变化量	F变化量	自由度1	自由度2	显著性F变化量
0.503ª	0.253	0.250	1.052	0.253	117.9	3	1047	0.000

表5-5 方差分析表

	平方和	自由度	均方	F	显著性
回归	391.101	3	130.367	117.900	0.000b
残差	1157.716	1047	1.106		
总计	1548.816	1050			

表5-6 系数表

	未标准化系数		标准化系数	t	显著性
	B	标准误差	Beta		
常数项	3.769	0.032		116.192	0.000
F1(需求性要素)	0.499	0.032	0.411	15.380	0.000
F2(教育主体要素)	0.298	0.032	0.246	9.194	0.000
F3(功利性要素)	-0.185	0.032	-0.153	-5.712	0.000

通过对变量进行分析可知，课程需求要素、思政课教师、功利性动机与大学生对高校思政课的满意度之间是显著相关的，P（常数）= 0.000<0.05，P（F_1、F_2、F_3）= 0.000<0.05，说明该模型是有意义。通过表5-6可知，"95后"大学生对高校思政课的满意度与各个因素之间的关系可以用如下公式表示：

$S = 3.769 + 0.449 \times F_1 + 0.298 \times F_2 - 0.185 \times F_3$

由上式可知，大学生的需求性要素和教育主体要素与对思政课的满意度呈正相关关系，功利性动机与思政课满意度呈负相关关系，上思政课越功利，则对思政课的满意度越低。在需求性要素中，以教学内容为代表的要素是影响其满意度的重要因素，所以，要想提高思政课满意度，外在花样与形式还是次要的，"内容为王"是王道。

（2）各要素与思政课吸引力的关系。对思政课吸引力（A）与课程需求要素、思政课教师、功利性动机之间的关系进行分析可知，R = 0.580，R^2 = 0.336，P = 0.000<0.05，说明二者之间有显著关系。说明思政课吸引力与课程需求要素、思政课教师和功利性动机之间有显著关系。见表5-7、表5-8、表5-9。

表5-7 模型基本信息表

R	R^2	调整后R^2	标准估算的误差	R^2变化量	F变化量	自由度1	自由度2	显著性F变化量
0.580[a]	0.336	0.334	0.973	0.336	176.895	3	1047	0.000

表5-8 方差分析表

	平方和	自由度	均方	F	显著性
回归	502.375	3	167.458	176.895	0.000[b]
残差	991.144	1047	0.947		
总计	1493.519	1050			

表 5-9　系数表

	未标准化系数		标准化系数	t	显著性
	B	标准误差	Beta		
常数项	2.594	0.030		86.423	0.000
F_1（需求性要素）	0.569	0.030	0.477	18.948	0.000
F_2（教育主体要素）	0.294	0.030	0.246	9.777	0.000
F_3（功利性要素）	-0.262	0.030	-0.220	-8.723	0.000

通过对变量进行分析可知，各个影响因素与高校思政课吸引力之间是显著相关的，P（常数）= 0.000<0.05，P（F_1、F_2、F_3）= 0.000<0.05，说明该模型是有意义。通过表 5-9 可知，高校思政课吸引力与各个因素之间的关系可以用如下公式表示：

$$A = 2.594 + 0.569 \times F_1 + 0.294 \times F_2 - 0.262 \times F_3$$

从上式可以看出，大学生的需求性要素和教育主体要素与思政课的吸引力呈正相关关系，功利性动机与思政课的吸引力呈负相关关系。所以要想提高思政课的有效性，教学内容和教师都是必须考虑的要素，其中最为重要的要素是教学内容。

综合以上的描述分析、访谈和因子分析结果可以看出，在构成高校思政课吸引力的要素中，教学内容、教学方式和教师是影响思政课对大学生吸引力最为重要的三个要素；教育环境、教育目标的影响相对较小。这也为高校思政课建设效果的改善提供了方向与依据。首先，继续深化思政课教学内容的时代性、思想性与理论性，这是最为重要和关键的任务；其次，积极将新兴信息技术有效融入思政课建设过程中，突出思政课建设的信息化，既满足学生对教学信息化的需求，也让教师通过大数据和人工智能的方式更好地了解和深度挖掘学生需求，实现工具理性到价值理性的转变；最后，教师队伍建设是根本，需要进一步优化教师队伍建设，加强对教师教学技能、专业素养、道德素质等的培训，让其坚定马克思主义信仰，提高自身素养，切实履行好立德树人的根本职责。

第6章

对策建议：提升高校思政课吸引力的对策

面向新时代大学生的思政课，必须要在供给与需求之间寻找一个平衡点，既不能陷入哗众取宠、自娱自乐的困境，也不能因循守旧、僵化硬化，要找到创新与别具一格的界限。因为新时代思政课吸引力提升对策，在确保创新多样的前提下，也要保持其持续性和生命力。

综合考虑大学生群体的行为特性和成长、学习生活的环境，高校可以从明确思政课教育目标入手，进一步完善思政课教学内容，创新思政课教学方式，强化思政课教师队伍建设，优化思政课教育环境，进而提升思政课的吸引力，提高思政课教学的有效性。首先，我们要继续深化思政课教学内容的时代性、思想性与理论性，这是最为重要和关键的任务；其次，要积极将新兴信息技术有效融入思政课建设过程中，突出思政课建设的信息化，既满足学生对教学信息化的需求，也让教师通过大数据和人工智能的方式更好地了解和深度挖掘学生需求，实现工具理性到价值理性的转变；最后，要进一步强化教师队伍建设，因为教师队伍建设是根本，要加强对教师教学技能、专业素养、道德素质等的培训，让其坚定马克思主义信仰，提高个人素养，切实履行好立德树人的根本职责。只有这样，才能提高思政课的吸引力，提高大学生对马克思主义理论和马克思主义中国化时代化的相关成果等的认同感。

6.1 明确教育目标

"确立合适的教育目标在整个教学设计中起着举纲导向的作用。因为，教育目标既是课堂教学的出发点和归宿，又是课堂教学的灵魂和关键要求。"所以，课程建设的首要任务是明确教育目标，将教育目标有效地传递给大学生。对于思政课来说，最重要的职责是面向大学生进行马克思主义理论的相关教育，提高大学生的综合素质和道德水平。明确思政课教育目标是加强高校思政课建设和提升思政课吸引力的首要任务，可以从精准把握高校思政课的宏观教育目标和高校思政课具体课程的微观教育目标入手。

1. 精准把握高校思政课的宏观教育目标

不论是教师，还是大学生，都必须明确思政课建设的任务和性质。针对大学生认为思政课的政治属性过强，应该反映出一定的专业性和思想性问题，可在思政课建设改革中增加一些实践性、社会热点和专业性内容。我们要通过设计完善的课程体系、优化课程布局和挖掘课程教学资源的方式，把思政课讲得有高度、有广度、有深度、有厚度、有温度，在保持其政治属性不变的同时，体现其高度；将马克思主义相关理论跟大学生实际、时代热点相结合，体现其广度；将理论与实践相结合，体现其深度；要根据从历史到现实、从理论到实践、从国内到国外的逻辑，细分内容，形成系统化的教学内容，与大学生的专业相结合，体现其厚度；要源于理论，根植社会，面向学生，体现其温度。

在这个方面，中国可以借鉴一些西方国家的思想政治教育经验。它们的大学课程里虽然没有专门化、系统化的思政课或思想政治教育的课程，但是却有国情教育、社会认知等相关的人文社科类课程。这就是将具有政治属性的教学内容有效融入专业教育和社会实践教育中，开展思想政治教育活动，进而实现思想政治教育的目的。这也就是近年来大力开展"课程思政"教育的主要原因。所以，高校思政课教育目标在设置的过程中，要将显性教育与隐性教育相结合，有效地将思政课的政治属性与大学生群体的成长和发展的需求相结合，坚持以学生为本，让思政课更具"人情味"，更加贴近学生、贴近社会，同时也能够提升思政课的吸引力。

2. 精准把握高校思政课具体课程的微观教育目标

在把握思政课基本教育目标的基础上，针对具体的课程，需要精准把握思政课具体课程的教育目标。

第一，要明确不同课程的教育目标。不同的思政课，在不同年级，针对不同学生，教育目标应该是略有差异的。虽然所有思政课的教育目标都具有政治属性，但是侧重点不同，"思想道德与法治"课程更加强调大学生基本道德素质的培养教育，关注大学生的价值观和道德层面素质的培养；"中国近现代史纲要"课程则更强调让学生更加清晰地认识近现代中国社会改革、建设和发展的历程，让学生掌握更多的党史和国史等。虽然不同的课程之间有内容交叉，但是其主要目标是什么必须明晰。这就要求各高校马克思主义学院必须加强四门思政课的协同化建设，打造"思政课建设共同体"，集体备课，不能只备一门课，要备四门课；不仅要知道自己所负责课程的讲授重点是什么，也要了解其他课程的讲授重点；要建立不同思政课之间的协同备课和交流机制，才能确保高校思政课教师更加精准地把握思政课目标，进而向学生准确传授，以确保思政课教学的精准性。

第二，要设置恰当合理且可行的教育目标。思政课的教育目标在设置过程中要兼顾时代性、超前性和可行性，也就是说，同一课程或者同一个知识点的教育目标，不能是一直不变的，应该是有所调整和变化的，不断丰富，要体现时代的发展与变化、学生的特征与需求和未来社会的要求。比如，关于"职业道德"，在二十年前，我们可能强调诚实守信，但是在信息社会，我们也需要讲"技术伦理""网络道德"等内容。所以，面对大学生群体的特性，思政课的教育目标必须将时代性、超前性和可行性有效结合，这样才能在依托教材的基础上超越教材，既能够达到思想政治教育的目的，又能够将思政课教育目标与时代特征相结合。更为重要的是，这样可以满足当代大学生对时事热点知识的需求，进而可能提高其对课程的关注度，有助于提升思政课的吸引力。

6.2 完善教学内容

任何时候都坚持"内容为王"。思政课的核心是内容，思政课要想让学生喜欢，必须有"真材实料"。基于前文对高校思政课教学内容供给与需求现状情况的分析，我们认为，要想提高思政课教学内容的吸引力，首先要规范思政课教学体系，充分挖掘思政课教学资源，其次要增强思政课教学内容的时代性、针对性和生活性。

1. 规范思政课教学体系，充分挖掘思政课教学资源

一个有效的教学理念应该包括三个层次：基础知识的掌握，使学生做到懂；基本理论的贯通，使学生达到信；思想精髓的内化，使学生灵活用。思政课的教学内容应该在"信"和"用"上做足文章，不应当把知识割裂和碎片化，使学生缺乏对基本理论整体性、系统性的把握和运用。对于基本理论讲到什么程度，应该把握好尺度；如果把普及型教学讲成了专业研究型教学，只会加重学生学习的功利性，过犹不及，甚至可能造成对思政课本身的伤害。这要达到两个要求：一是要规范思政课教学体系。打通教材体系和教学体系的关系，在准确把握思政课教育目标和大学生特点的基础上，精准设计课程教学内容的重难点与教学过程，既要避免不同课程的重复教学，也要避免教学内容的泛泛而谈或者理论化描述，否则容易引起学生反感；既要能够直面学生需求，直击学生心底，引导学生主动思考，让学生真正信服，也要避免过度"迎合"学生需求。二是要充分挖掘思政课教学资源。思政课教学内容是处于不断变化的，要善于挖掘现实社会中的各种思政要素，比如，2022年的北京冬奥会，能够挖掘出许多思政教学资源与元素，丰富思政课教学过程，让课程体系更加完备，增加课程内容的吸引力。

2. 增强思政课教学内容的时代性

马克思主义理论的相关成果是与时俱进，马克思主义中国化时代化的成果也是处于不断变化和发展的，思政课的教学内容必须随时将关于党和国家的最新理论成果融入课程教学中，充分体现思政课教学内容的与时俱进性。一是在思政课的教学活动中，要将前沿问题和大学生关注的热点问题融入教学过程，并将教学内容以学生喜爱的方式展现，这样既能够丰富教学内容，也能够帮助学生用所学理论知识分析这些热点问题和前沿问题，引导学生积极思考，积极参与思政课的教学活动，提高大学生对思政课及相关理论知识的关注度，提升思政课的吸引力和教学效果。二是要将关于党和国家的最新理论成果和精神融入思政课教学活动中，让新时代的大学生能够跟党走，增加其对国家的关注度，加强其对国情的全面、理性的认知。在将这些前沿问题、热点问题和党的最新精神融入思政课教学内容时，既要掌握好结合的方向与知识点，又要把握准方向，不能为了吸引学生的注意力而舍本逐末。

3. 增强思政课教学内容的针对性和生活性

思想政治教育不可能脱离现实的、具体的学生，它需要从现实的、具体的学生的实际出发开展教育。所以，思政课的教学内容不能只是"高大上"的，不能只是理论性内容，也必须"接地气"，除了能够解释国际政治、社会发展的大问题，还得跟当代大学生的学习生活密切相关。这就要求思政课的教学内容不能远离大学生生活所熟悉的东西，不能只是束之高阁的理论，要具有针对性，要针对不同年级、不同年龄段、不同专业、不同地域、不同城市等具有差异的大学生，开展针对性教学，要与大学生的日常生活、专业等相结合，将教学内容用大学生喜欢的方式、常用的语言展现出来，拉近思政课与大学生之间的距离，增加大学生对思政课教学内容的认同感，促进大学生更加积极地参与思政课的教学活动和课堂讨论，这样才能提升思政课的吸引力。

6.3 创新教学方式

提倡教学方式的改革并不是要让内容让渡于形式,实现内容与形式的完美统一,实现课程吸引力的提升,才是思政课改革与创新的最终目标。革新教学手段最终是为了教学内容服务。因此,思政课在创新教学方式的时候,不能单纯地为改变而改变,也不能牵强附会、顾此失彼,而要始终不离思政课的教学宗旨,根据课程特点选择合适的教学方式。这就要求一方面思政课教学方式要与时代相结合,要将最新的新兴信息技术运用到思政课教学活动和管理过程中,拓展教学载体,丰富教学方式;另一方面要将新兴信息技术应用到思政课建设中,促进思政课的信息化建设,打造智慧化智能化的思政课,以教育目标和学生需求为导向,提升思政课的吸引力。

6.3.1 丰富思政课教学方式

有效的思政课教学方式能够拉近思政课与学生之间的距离,减少学生的心理障碍,能够增强其对高校思政课的认同感。所以要从增加互动式教学方式的运用、强化渗透式教学方法、提高实践教学的推广度等方面对高校思政课教学方式进行创新。

第一,增加案例式教学。思政课要打破传统的单一理论讲授的教学方式,将教材语言转化成教学语言和生活语言,以学生常接触的内容和学生语言讲授思政课,清除思政课与学生沟通的障碍。教师可以根据教学知识点的实际情况,选取大案例或者小案例,提前将案例布置给学生,要求学生将理论与案例相结合,由学生对案例进行分析,教师引导,开展启发式教学。这种方式不仅可以将原本枯燥单一的理论知识具象化,吸引学生关注,还能引导学生参与知识点和基础理论的解读,增加课堂互动,使学生对知识点理解得更加深入透彻。另外,将社会实践案例引入课堂,能够增强学生对社会的认知，拉近学生与社会的距离，全方位阐释了思政课是一门"接地气"的课程。

第二，增加互动式教学。新时期，思政课教学方式的改革创新，必须关注"需求方"的诉求，要强化大学生在其中的主体地位，提升其对思政课的参与度，加强教师与学生之间的互动，挖掘学生需求，体现学生个性。所以，在课堂教学中，可以采用引导发言、小组讨论、小组汇报、演讲、情境表演等多样化的形式，引导学生参与课堂，让学生成为课堂的"主人"，提高学生对高校思政课的认可感与满意度，以提升高校思政课的吸引力。

第三，增加实践教学。根据调查研究可知，实践教学是大学生最期待的教学方式，但却是其教学效果并不理想。所以，如何用好做好思政课的实践教学，是高校思政课改革和思政课吸引力提升的一个重要问题。当代大学生有个性、动手能力强，也愿意参与到思政课教育教学过程中，所以要让现有的实践教学方式落到实处，无论是课程教学中的实践活动，还是各类假期的实践活动，要将课堂实践教学和课外实践教学相结合，尽可能增大覆盖面，提高学生的参与度。在课堂中，通过热点事件汇报、沉浸式教学等方式，促进学生"动起来"，积极思考课堂理论与社会实践的结合方式，增强理论知识的实践性；思政课要通过课程项目、课程调查等形成开展实践调查，让学生能够走出课堂、走进社会，用好"社会"这个大课堂，增加学生与社会的互动交流，让思政课内容"活起来"；同时也要与学校团委、学生处、研究生院等其他部门协同合作，以"大思政课"的建设为依托，开展形式多样的课内、课外实践活动，鼓励学生充分发挥他们的积极性与主动性，以增强他们对思政课的认同感，进而提升思政课的吸引力。

第四，强化渗透式课堂教学活动。为了增强教学活动的趣味性，需要结合大学生的学习生活习惯等，将思想政治教育融入大学生生活的方方面面，比如以一些小游戏的方式开展知识竞赛，在课堂中运用情景式教学方式，让学生通过角色扮演的方式身临其境地表演故事，吸引学生参与，让其在"做中学,学中想",化思想政治教育于无形,让大学生乐于接受且认同思政课,才是提升高校思政课吸引力最有效的方式。

6.3.2 拓展思政课教育载体

思政课教育载体的拓展是互联网时代高校思政课必须突破和创新的,其对增强思政课的实效性有着重要影响。这需要从以下两个方面进行突破。

第一,有效发挥高校新媒体传播平台的阵地作用。新媒体以其交互性特点改变了学生只能被动地接收信息的特点,使每一位信息的接收者同时也可以成为信息的加工者和发布者。所以,以视频播放、动画展示等方式来辅助课堂教学,可以使学生通过这种新媒体形式,在课堂上有限的时空中了解更多的知识,提高学生的参与度。以任务为导向的网络小组学习,督促学生在课外时间对课上的问题进行更深入的思考,新媒体传播平台方便了学生之间的互动交流,延展了课堂教学的广度。充分利用高校的微博平台、微信平台、公众号、各类App等进行考勤、做作业、课堂提问、发表评论等,以多样、创新、活泼的方式刷新大学生对思政课的认识,以思想观念渗透和互动参与的方式提高其对思政课的认同度,进而提升思政课的影响力。

第二,将新媒体与传统教育平台、教育方式相结合,用学生喜爱的方式开展教育活动,促进思政课的信息化建设。目前部分高校将MOOC、手机和网络教学融入思政课中,也开通了网上教学平台。无论是MOOC平台还是网上教学平台,都可以让学生利用手机App一边查资料,一边听课发表评论,教师则可以针对学生的实时反馈对教学内容和教学方式进行实时优化和完善。从而实现了教师与学生的实时互动,提高了学生的参与度,也能够增强学生在课堂上的专注度,强化学生在思政课中的主体地位。通过新媒体教学平台,建立思政课教学的案例库、视频库、素材库等,实现师生之间、不同思政课之间的教学资源共享,在打造"思政课共同体"的基础上,实现教与学、师生协同的"三全育人"的思政课建设机制。

6.4 强化教师队伍建设

思政课教师的水平在一定程度上影响了思政课教学内容的价值能否有效呈现,所以在提升高校思政课吸引力的过程中,对教育主体能力水平的提升显得至关重要,它需要从内在修养和外在水平两个方面入手。一是提升教育主体的专业能力与水平。教师对教学内容的创新程度与其专业能力与水平是密切相关的,只有熟练掌握专业知识,才能将其更好地融会贯通,以更加平实有效、更加具有亲和力或学生更加喜爱的方式表现出来,才有可能提高内容的趣味性与故事性,提高教学内容的思想价值与教育价值。二是提升教育主体的个人魅力和基本道德素质。这要求所有教师和教学内容必须同向同行,任何人不能"拆台",必须能够具备较高的政治素质和道德素质,给学生传递正确的思想与观点,传播正能量;同时也要求教师能够发挥个人魅力,增强教学内容和教学方式的趣味性与生动性,吸引学生注意力。

6.4.1 增强教师的专业素养

思政课是理论知识不断更新的课程,需要教师不断更新知识储备,随时关注时事动态,不断开阔视野,提高观察问题、分析问题和解决问题的能力,所以需要对思政课教师进行长期性、制度化的培训,不断提高每位思政课教师的专业理论水平和教学水平,让其做到"苟日新,日日新,又日新"。要从社会环境、高校和个人等角度出发,让他们真正相信自己所学习、所研究、所讲授的内容,并将自己所学的内容传授给学生,全面提升思政课的教育教学效果。

1. 要真心:明确高校思政课教师的职责

要想实现中华民族伟大复兴的中国梦,必须坚持"四个自信",贯彻落实"四个全面"的战略布局,树立"五大发展理念",坚持中国共产党的领导。这是时代赋予每一个青年人的责任与使命,更是思政课教师义不容辞的责任。

思政课教师的职责不仅仅局限于理论知识与信息的传播,更重要的是肩负着理论、实践、心理等层面的说服、倡导、管理与服务的职责,这是国家和时代对思政课教师提出的更高要求。这就要求思政课教师必须真心对待马克思主义理论、真心对待思想政治理论教育工作、真心对待学生,说服学生树立正确的"三观",帮助大学生建立科学的信仰体系,增强大学生对社会主义核心价值观的认同;倡导增强"四个自信",增强对实现中华民族伟大复兴中国梦的认同,倡导学生树立积极主动乐观向上的生活态度和学习态度;服务学生的学习与生活,了解学生特点,帮助学生解决生活学习与心理层面的困惑;管理好学生日常的学习与生活,确保教学活动有序实现。

2. 要真学:强化高校思政课教师的专业教育

思政课教师的专业能力与水平直接关乎思政课教学的有效性,也直接关乎学生对思政课的认识、对思想政治教育工作的评价以及其正确世界观、人生观和价值观的形成。尤其是现在的"90后"思政课教师,大部分有留学经历和海外学习经验,在科研中与课堂上难免会将中外制度、理念等进行对比。所以,对于高校思政课教师来说,必须强化其专业教育,高校思政课教师一方面要对马克思主义相关理论及中国特色社会主义理论有深入了解,了解其来龙去脉、历史成因等,另一方面要对其有高度认同感与信任感,并且要把这种对马克思主义理论和中国特色社会主义理论的认同与信任传递给大学生们。

拥有专业的理论知识以及对这些理论、观点的认同是高校思政课教师的"敲门砖",也是他们很重要的看家本领,且二者是"并"的关系,而不是"或"的关系,二者缺一不可。所以要严把高校思政课教师的"入门关",高标准要求教师的素质与信仰水平;针对思政课教师的信仰与专业问题开展专业化的培训,尤其要对马克思主义理论专业的硕士与博士开展专业化的教育问题。学习该专业的人能够真正认同这个专业的理论与观点，对于其中未来有可能成为高校思政课教师的人群来说是非常重要的，是提升高校思政课吸引力的有效保障。

3. 要真懂：完善高校思政课教师的教育体系

新时期最大的特征在于经济全球化进程不断加快，多种社会思潮不断融合，多元文化相互冲击，很多错误的思潮和具有颠覆意义的思想打着正义的旗号迷惑青年人的思想，包括思政课教师。成长在改革开放后的青年教师，理论知识储备充足，但实践经验略显不足；他们关注时事热点和国内外政治发展，虽然研究马克思主义并从事相关教学工作，但对马克思主义理论的相关研究需进一步深化。这就要求必须建立针对思政课教师的"马克思主义信仰教育轮"（见下图），以马克思主义理论为核心，向马克思主义理论相关知识和一般人文社科知识拓展，全面提升思政课教师的综合素质，从理论和实践层面让思政课教师做到对马克思主义理论的真学、真懂、真信和真用。

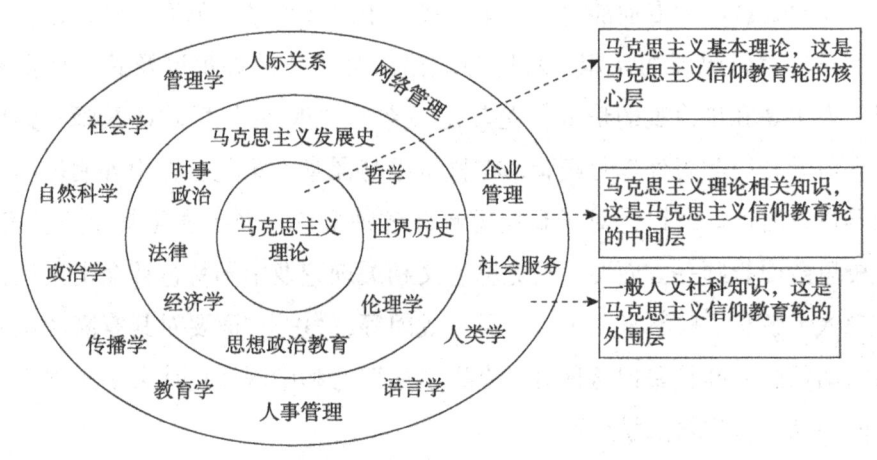

思政课教师的马克思主义信仰教育轮

从上图可以看出，对于高校思政课教师来讲，掌握马克思主义理论至关重要，这是其整个知识体系的核心和关键，但是这却不是唯一，高校思政课教师除了要掌握马克思主义基本理论外，还需要掌握大量马克思主义理论相关知识和一般人文社科知识。马克思主义理论相关知识是"马克思主义信仰教育轮"的中间层，如哲学、经济学、伦理学等，这些知识能够为教师专业理论知识提供直接的保障；一般人文社科知识是"马克思主义信仰教育轮"的外围层，这是思政课教师能做好思想政治教育和教学工作的支撑。

作为一名新时代的思政课教师，无论是教学工作，还是科研工作，都必须能够了解学生特性，了解社会发展，了解时代前沿问题等，并充分有效地将这些知识与思想政治理论教育教学工作和科研工作结合，这样才能提升思政课的吸引力、持续性与影响力，才有可能获得学生认同、影响学生的思想观念，所以思政课教师必须在掌握马克思主义理论专业知识的基础上，也学习一些时事政治、社会学、政治学、传播学等知识，给自己的科研和教学"添一把火"，有效提高工作的有效性，提升思政课教学内容的吸引力。

4. 要真信：引导高校思政课教师坚定信念信仰

第一，择优选择。在选人用人时，必须首先考核思政课教师信仰信念的坚定性，要求思政课教师必须对坚定对马克思主义认同，能够将马克思主义理论与中国特色社会主义理论相结合，能够热爱自己的事业，将马克思主义理论的传播与马克思主义信仰的传递作为自己的使命。只有思政课教师自己相信，才可能讲得让学生相信，才能够达到教育与教学的目的。

第二，专业培训与教育。教师的专业理论知识与素养必须与时俱进，不断补充，所以专业的培训、教育与交流便是题中之义。学校、教育管理部门等要组织专门针对思政课教师的理论培训，让其能够通过再学习和交流等方式进一步深入理解马克思主义和中国特色社会主义理论的内涵，进行教学转化和理论转化。

第三，深入了解社会。"90后"思政课教师基本上都是毕业之后直接进入高校工作，很多人没有参加其他工作的经历，对社会的认知大多来自书本，这就要求思政课教师要通过多种渠道了解社会，深化对社会的认识与了解，才能让科研和教学更加接地气。学校和教育管理部门也要组织一些面向思政课教师的社会考察、国情调查、基层挂职锻炼与交换等活动，这样才能让理论更好地体现实践，更好地与学生的生活与需求相结合，才能不断进步与发展。

5. 要真用：坚持马克思主义理论与社会实践相结合

高校可以从三个方面进行完善：一是组织社会热点的讲座，通过讲座、培训学习等多样化方式，向教师介绍最新的社会热点问题，并对这些问题进行深入解读，让思政课教师加深对社会问题的了解；二是组织思政课教师进行社会实践考察，让其通过实地学习，亲近社会，了解社会，更加深入地认识不同的社会形态，思政课教师在考察中能够将理论与实践相结合，加深或者重新认识理论知识与内容；三是鼓励教师到基层锻炼，让其通过基层工作更好地了解社会和人民的生活形态，贴近社会，不断加深对马克思主义理论运用实践成果的认知，不断深化学习。

6.4.2　强化教师对学生成长的关怀关心与关注

在新的历史条件下，学生生活的环境和思维模式已经发生了较大变化，应该采取"疏""灌"结合、以"疏"为主的导向型教学模式，变"教师主导"教学模式为"教师主导与学生主体"结合的复合型教学模式，加强师生之间的交流与沟通，调动学生的学习积极性。

第一，建立平等的师生关系。思政课教师要改变传统居高临下的等级观念，真诚与学生沟通，形成一种"教师与学生是平等的"理念，让学生感受到与老师容易沟通和交流的氛围。在思政课的教学活动中，教师是主导，学生是主体，二者相互合作，协同分工，能够让学生有独立思考且展示自我的平台，让学生自由地发表意见或表达需求，且学生表达的意见与需求能够在教学活动中得到反馈，这样才能全方位调动学生的学习积极性，进而提升思政课的吸引力。

第二，鼓励个性与创新。在思政课教学活动的开展过程中，教师对学生不能管得过死，教学中应增加学生的自由度，将主动权交给学生，鼓励学生不断进行创新，使学生能根据自己的兴趣、爱好有所选择，以实现自己个性、爱好及独立意识的发展。思政课要形成"学生主体，师生平等"的教学模式，引导学生由教育对象向教育主体转化，由被动接受向主动学习转化，由应对考试向方法应用转化。

第三，关心学生的学习和生活。这就要求思政课教师要"从台上走到台下"，走进大学生群体中，主动关心学生，询问学生在学习和生活中遇到的各种问题；要主动加强与学生的联系，拉近与学生的关系，真正走进学生的学习和生活，了解他们平时真正的学习状态和生活状态，这样才能了解学生的想法与需求，了解他们对思政课的态度，才能对症下药，提升思政课的吸引力。

6.5 优化教育环境

第一，营造多元化的校园文化氛围。在提升思政课吸引力的过程中，可以通过校园文化建设、院系文化建设、党团文化建设和班级文化建设，打造类似于网络文化节、数字文化节等多种文化活动，多层次、多维度全面覆盖学生生活的方方面面，让大学生的生活中时时处处充满正能量和积极向上的活跃"分子"，感受到校园的"暖意"，就有可能增强其主观能动性，也有可能提高其接受思政教育的意愿。

第二，开展丰富多元、积极向上的校园文化活动。高校应利用常规平台和互联网平台在校园中开展丰富多元、积极向上的科技、文化、艺术等多样化的活动，让大学生能够更好地感受思想文化的氛围，全面提升思政课的吸引力。

提升高校思政课的吸引力是一个长期工程。在过去的二十年时间里，党和国家、高校和教师等各方主体都在积极探索提升高校思政课吸引力的路径与方法，取得了显著成绩，但是在思政课建设与改革创新方面，仍有许多探索空间。这就要求，新时期在提升思政课吸引力的过程中，教育管理部门、高校、社会等各主体，要全方位配合，从环境、制度、内容、方法与载体等方面进行全面的突破与创新；进一步准确把握学生需求，在将教育目标与学生需求有效结合的基础上进行突破创新，同时满足"供给侧"和"需求方"的要求，这样才能有效提升高校思政课的吸引力。

第7章

时代要素：助力高校思政课吸引力提升的创新

新时代下，社会环境、大学生群体的行为特性、思政课的教学内容等对大学生成长成才的要求等都处于不断变化之中，所以在面临新环境、新背景、新挑战时，高校思政课吸引力也面临新机遇和新挑战时，也有新的发展策略和方向。

本章结合新时代在发展过程中的新元素，从内容助力和技术助力两个层面选取案例，分析如何提高高校思政课吸引力。在教学内容助力思政课吸引力提升的案例中，结合2020年以来中国的抗疫经历、抗疫成果和抗疫经验等，详细分析了抗疫元素对高校思政课教学内容新元素的价值、如何挖掘抗疫元素、如何将抗疫元素有效融入思政课教学过程中，进而提升思政课的吸引力；在教学方式助力思政课吸引力提升的案例中，详细分析了作为新兴信息技术的代表，5G是如何发挥其技术优势保证思政课教学资源的共享性、教学方式的情境化和教学内容的精准化，以学生为主体，充分考虑学生的需求与个性化要求，以此提升思政课的吸引力。

7.1 内容要素：抗疫元素助力思政课内容创新

我国抗击新冠疫情取得重大战略成果不是偶然的，它是习近平新时代中国特色社会主义思想最为生动的实践诠释。在这场抗疫斗争中，涌现出许多典型事迹，也为高校思政课教学提供了丰富的现实素材。并将理论与实践相结合，提出提升思政课吸引力的路径，期望大学生更加深刻认识和理解，促进大学生在知识体系和信仰上同步提升；通过充分挖掘思政课的教学内容与资源，提升思政课的吸引力。

7.1.1　抗疫元素融入高校思政课教学的维度

在推动思政课改革创新的进程中，要努力做到课程价值性和知识性的统一，寓价值观引导于知识传授之中，将抗疫元素全方位融入高校思想政治理论教学中。将"守正"与"创新"相结合，既能够以改促建，增强思政课教学的实效性，借"时代样本"之力引导青年大学生坚定理想信念，促进其在知识体系和信仰上同步提升。

将抗疫元素融入高校思政课，首先需要解决抗疫元素的资源挖掘问题，即抗疫元素是什么、如何发现和怎么使用的问题，所以需要从"挖掘什么抗疫元素—如何挖掘抗疫元素—如何激发抗疫元素的思想政治教育效力" 3 个维度，构建抗疫元素的资源挖掘体系，为其有效融入高校思政课提供支撑与依据。

1. 设计抗疫元素挖掘框架

有效识别和确定抗疫元素是将抗疫元素融入高校思政课教学的前提条件。在抗疫的不同阶段，抗疫元素所包含的内容及侧重点是不同的，需要对其进行系统梳理与总结；不同思政课与抗疫元素的"接口"也是不同的，需要合理设计抗疫元素挖掘的框架与结构。抗疫元素是多元化、多样化、多维度、多层次的，它以抗疫精神为中心，包括抗疫奇迹、抗疫理念、抗疫行动、抗疫过程、抗疫成效、援外抗疫行动等，以及抗疫中的大国担当、志愿者精神、社会舆论等。这些都是抗疫元素的重要内容，从理论到实践、从精神到物质、从文化传承到科技创新、从国内到国外、从实物到虚拟等，都可以与思政课相结合，比如抗疫过程中坚持党的领导、人民至上的理念，依法统筹疫情防控的实践，推进国家治理体系现代化、同舟共济守望相助的中华优秀传统文化、人类命运共同体的理论与实践等。要以理论观照实践发展，挖掘出更多能够引领学生价值判断和塑造的"知识硬通货"，根据课程性质、教学内容的重点，有理有据地挖掘具有思政属性的抗疫元素，释放思想政治教育资源的生产力，并将其有效地体现在教学的知识点中，提升思政课的教学效果。

各门思政课旨在对学生进行系统的马克思主义教育,各门课程各有重点,具有鲜明的意识形态特性,要求在将抗疫元素融入其中时要坚持体系化、系统化,在深度、高度、精准度和丰富性上做好功课。例如:"思想道德与法治"课程旨在培养青年大学生的思想道德素质、价值观和法治精神等,其内容广泛,资源存量丰富且分散,与青年大学生的生活联系紧密,要重点挖掘抗疫精神、抗疫榜样人物和英雄人物、同舟共济守望相助的中华优秀传统文化、科技抗疫的实践等抗疫资源,从理想信念、道德情操、创新精神、法治精神培育等方面着手提升青年学生综合素质;"中国近现代史纲要"课程旨在讲述中国自鸦片战争以来的历史,内容以史料为主,教学资源相对固定,要通过重点挖掘抗疫过程中显示中国共产党和社会主义制度优越性的相关内容,以史为鉴,坚定青年学生的信念与信仰;"马克思主义基本原理"课程具有强知识性、强理论性、强逻辑性,资源存量固定、集中且厚重,要通过挖掘抗疫行动、抗疫过程和援外抗疫行动等,通过中外对比的方法,帮助青年大学生准确掌握马克思主义的内容与本质;"毛泽东思想和中国特色社会主义理论体系概论"课程的资源丰富,具有强知识性和强逻辑性,与社会发展实际密切联系,要重点从抗疫过程中的集中力量办大事的制度优势、依法统筹疫情防控的实践,推进国家治理体系现代化,讲好中国模式、中国制度、中国道路的优势。在此基础上,不同课程之间也要实现联动协同备课,体现思政课程的内在关联性,形成体系分明、层次清晰、逻辑严密、可操作性强的抗疫思政元素库,避免抗疫元素在思政课程中融入的浅显化、重复性、遗漏等问题。

2. 明确抗疫元素挖掘原则

鉴于不同课程教育重点不同、抗疫思政教育资源和内容存量及其可拓展空间不同,思政课挖掘抗疫元素的过程中,要遵循以下4个方面的原则。

第一,坚持实事求是的原则。尤其是对于一些含有抗疫元素较少的课程,要挖掘有效元素、实实在在能够与课程相衔接的元素,不能为了挖掘这些元素而挖掘,要"去伪存真",不能为了宣传抗疫成效而生硬地将无效元素与思政课程相结合，抗疫元素融入思政课教学必须要体现抗疫元素资源与各课程的内在关联性。

第二，坚持以生为本的原则。青年大学生是这场抗疫阻击战的见证者、亲历者和参与者，简单的故事和案例不一定能满足其需求。抗疫元素融入思政课教学要做到"供与需"和"教与学"相契合，了解学生需求，回应学生关切；要将思政课教育目标与学生需求相结合，注重启发性教育，引导学生认识抗疫元素背后的制度逻辑、理论逻辑和思想力量，在不断启发中让学生水到渠成得出结论，保证抗疫元素融入思政课的高度、深度与广度。

第三，坚持协同融入的原则。抗疫元素上承基本原理，下接时代问题，找准教学"接口"和学术"接口"，是各门课程对抗疫元素最生动最全面的诠释。不同思政课的教育目标与重点，有相似性但也有各自的独特性，要通过协同合作的方式，构建"思政课教学共同体"，各门课程之间、课程与抗疫元素之间的多元协同，实现多课程、多主体、多形式的协同联动，形成体系化、系统化地挖掘抗疫元素资源，抓重点和关键点，并将其在教学过程中精准投放。

第四，坚持突出特色的原则。要结合地域、学校、学生、专业等，在抗疫元素挖掘过程中确保资源挖掘的丰富性、全面性、独特性和针对性；在抗疫元素融入思政课的过程中，要确保融入内容、方式与手段的时代性与创新性，以提高思政课的教学效果与价值。

3. 有效融合抗疫元素与课程

将抗疫元素与思政课有效融合的方式就是激发抗疫元素的思政效力，实现知识传授与价值引领的统一；通过讲述抗疫故事，将中国抗疫奇迹的实践行动与时事热点内化为学生精神世界的一部分，进一步坚定学生的信仰。将抗疫元素与思想政治教育相结合的方式，可以从以下几个方面入手。

第一，深层次融入，将政治性与学理性相统一。对于抗疫元素中所包含的中国元素和社会元素的内容，在教学过程中，要通过层层递进、逻辑一致的方式确保其融入的有效性；不能将抗疫元素作为课堂吸引学生关注的"噱头"，也不能只是简单列举，流于形式，在学理层面，要挖掘抗疫元素背后的深层逻辑、道理和规律，以透彻的学理分析回应学生关切的社会问题，凸显中国特色社会主义制度的力量和价值；在政治层面，要结合抗疫元素回答和讲述社会热点问题，让学生知其然，也知其所以然，尽量挖掘抗疫元素背后更深层次关于人性、价值、发展战略等价值意蕴，坚定学生的信仰。

第二，实质性融入，将以理服人与以事实为依据相统一。抗疫元素所蕴含的思想政治教育资源与要素决定了二者存在关联与耦合的可能性。在将抗疫元素融入思政课过程中，不能是自娱自乐、蹭热度、盲目跟风的融入，也不能是"走过场""吃快餐""两张皮"的无效融入，要将抗疫元素的具体内容与各门思政课教学内容实现无缝化衔接、精准化融入，做到不错位、不异位、不越位、不缺位，以抗疫行动与实践为事实依据，结合思政课相关理论与知识点，有价值地融入与衔接，将以理服人与以事实为依据相统一，在提升学生对抗疫事实的认同感时，强化学生对理论认同与信仰。

第三，全方位融入，将统一性与多样性相结合。不同思政课程之间，要打通抗疫元素和教学内容之间的联络渠道，宏观上统筹抗疫元素融入思政课程的方式方法，推动不同课程形成协同效应，避免在教学上出现"各自为政"的情况，造成抗疫元素融入思政课的过程中出现机械性的简单重复或者既定存在事实的思想政治教育真空地带；同时各门课程可根据实际情况，具体调整抗疫元素融入教学的策略与路径，在统一的基础上突出课程特色。

7.1.2 抗疫元素融入高校思政课教学的实现路径

抗疫元素是一个完整而丰满的谱系，要找准其与各门思政课的衔接接口，突出问题导向，将抗疫元素有效融入高校思政课教学中，让其从"有形覆盖"转变为"有效覆盖"。剖析抗疫元素的内容，针对不同内容，采用不同方式，将其与不同课程或不同教学内容相结合；将抗疫元素理论化，讲出抗疫背后的真理力量、制度力量、学术力量和逻辑力量，更有利于促进大学生在知识体系和信仰上的同步提升；将"守正"与"创新"相结合，让思政课教学内容鲜活化，提高思政课教学的温度、广度、深度与高度。

1. 宏观层面：教育主管部门搭平台促交流，构建系统建设路径

教育部、人民网联合举办"全国大学生同上一堂疫情防控思政大课"，解读党中央关于疫情防控的决策部署，这是挖掘抗疫元素思想政治教育效力的典型。同时，北京组织专家录制疫情防控特别电视节目，从经济、文化、社会等角度，打造17堂形势与政策课；辽宁以"讲战'疫'故事，铸强国使命"为主题，请一线归来的工作人员讲述了战"疫"故事。各地各高校针对抗疫元素融入高校思政课做了许多探索和实践，取得了系列成绩。这就要求教育部门要有整体性思维，要重视顶层设计，对抗疫元素融入高校思政课要有系统化的安排与战略部署。

从纵向来看，教育部思想政治工作司要充分利用现有的"全国高校思政课教师网络集体备课平台"等资源实现资源沟通与共享。通过思政课教学成果展示、教学范例演示等多种形式，遴选优秀抗疫元素教学案例，实现优质资源共享。在这个过程中，教育部主要起统筹规划和顶层设计的作用，提供开放平台共享资源，鼓励各地区各高校进行创新，突出特色性和差异性。

从横向来看，教学指导委员会和各学会也要积极举办各类教学设计和教学成果比赛，以赛促教，举办相关学术研讨会，加强教师之间的交流，让其全方位探讨挖掘抗疫元素，提升抗疫元素融入思政课教学的效果。

2. 中观层面：校院两级加强制度建设，着力推进落实

抗疫元素融入高校思政课的贯彻落实，还需要学校和学院层面的支持推进以及保障配合。

第一，学校党委要高度重视，加强领导机制的建立。要坚持党的领导，发挥高校党委的作用，统筹马克思主义学院、组织部、宣传部、学生处、教师工作部和校团委等多个部门，通盘考虑，做好做实抗疫元素的全面挖掘、全方位融入，确保融入的价值性与有效性。

第二，建立交流合作机制。打破思政课的课程壁垒，实现课程之间的交流互动，进一步丰富与完善抗疫元素内容及其融入路径：一方面要完善思政课之间的资源交流机制，通过思政课集体备课的方式，实现不同思政课之间的交流合作，各课程有所侧重融入抗疫元素，避免资源重复或遗漏，打造"思政课教学共同体"；各课程要明确挖掘抗疫元素的重点，明确抗疫元素与课程结合的知识点，做到既不"越位"，也不"缺位"，还要"到位"；另一方面要加强思政课与专业课程的交流，深化对抗疫元素的理解，更好地帮助自己挖掘抗疫元素内容。

第三，建立监督反馈机制。基于校院两级听课制度，通过领导听课、同行互评、学生评教等方式，对抗疫元素融入思政课的情况进行评价，并对融入效果进行分析，为进一步提升思政课教学效果和强化思政课教学的学理性和实践性奠定基础。通过教学实践和反馈机制，不断更新抗疫元素的内容及其融入方式，确保思政课教学的鲜活性和时代性。

3. 微观层面：教师强化资源挖掘与使用，盘活抗疫素材

要真正做好抗疫元素全方位有效融入高校思政课，最后还得靠教师、靠学生、靠课堂，需要一支业务水平精湛、政治素质过硬、理论水平好的思政课教师队伍讲清楚抗疫元素背后的理论知识、制度力量和实践逻辑；需要学生积极参与课程，与教师一起讲好思政课堂中的抗疫故事，共同挖掘抗疫元素。

第一，教师要尽可能全面挖掘抗疫元素。教师要有将理论知识与抗疫元素相结合以及挖掘抗疫元素的自觉性，能够根据中国抗疫发展过程进行全面梳理，保证抗疫元素的时效性、准确性和全面性，以确保思政课的时代性、创新性和吸引力，以提高学生的获得感。

第二，教师要讲好抗疫元素背后的基础理论知识，挖掘抗疫元素的学理性。教师要不断提升马克思主义理论水平，善于运用马克思主义的立场、观点和方法，分析抗疫元素背后的制度力量、理论力量和实践逻辑，

赋予抗疫元素具有说服力的学理基础，将以情动人与以理服人相结合，进一步深化学生对理论知识的认知。

第三，教师要发挥学生的积极性，与学生协同合作挖掘抗疫元素，讲好抗疫故事。高校学生大多是抗疫的见证者、亲历者和参与者，学生对抗疫行动与实践了解较多，也有自己的理解。一方面要根据时代要素和学生特征，挖掘与学生需求和专业等相关的抗疫元素，确保抗疫元素融入思政课的精准性和特色性，满足学生需求；另一方面要协同教师的主导作用和学生的主体作用，充分发挥学生的积极性和主动性，鼓励学生讲述抗疫故事，增强师生互动，教师与学生一道挖掘抗疫元素，既能确保抗疫元素资源的丰富性与全面性，也能发挥学生的主体性。

作为新时代的青年大学生，需要铭记这段历史，也需要深刻认识这段历史；需要将抗疫元素全方位融入思政课的教学过程中，提升大学生对中国特色社会主义制度与理论的认同感，引导大学生树立正确的价值观。但将抗疫元素仅仅融入思政课是不够的，抗疫元素是一个丰富的谱系，其内容多维多元，需要借助课程思政的力量，将抗疫元素作为新的突破口，一方面丰富思政课程的建设内容，另一方面提升抗疫元素融入思政课教学的效果，多管齐下更好地弘扬抗疫精神，让大学生更好地了解抗疫的时代价值，提升大学生对中国特色社会主义制度的认同，进而提高思政课教学内容的丰富性、时代性和多样性，提升思政课的吸引力。

7.2 技术要素：5G 技术助力思政课形式创新

2019 年 8 月，中共中央办公厅、国务院办公厅印发的《关于深化新时代学校思政课改革创新的若干意见》中提出：大力推进思政课教学方法改革，提升思政课教师信息化能力素养，推动人工智能等现代信息技术在思政课教学中的应用，建设一批国家级虚拟仿真思政课体验教学中心。这既是深入贯彻落实习近平总书记关于高校思政工作重要论述的集中体现，也是为应对信息时代和数字时代高校思政课改革创新所做的顶层设计和全面部署。

马克思曾指出：技术的发展将引起生产方式和社会关系的改变。新时代需要运用新方法，使教学内容更符合新时代需要，使教学内容和方法更现代化。5G技术的高带宽、低时延和广连接为高校思政课的发展带来了新机遇，将5G技术与人工智能、大数据等其他信息技术相结合，可以提供技术能力更强、应用体验更好的综合解决方案，推动远程互动教学、虚拟实验实训教学、智能考试等的发展，提升教育教学、教育管理和教育服务的质量。

面向新空间、基于新架构、审视新逻辑、掌握新技术，把握正确的技术应用方向，充分将5G技术有效应用到思政课的教学中，让新技术成为新时代高校思政工作模式升级创新的动力源泉，让5G技术从"有形覆盖"转变为"有效覆盖"。要充分发挥5G技术的行业赋能作用，将5G技术充分有效地利用到思政课教学中，推动其向数字化、精准化、个性化和智能化方向发展，实现高校思政课教学工作向实时感知、资源共享、高效协同、智能分析、智慧化与智能化方向迈进，将"守正"与"创新"有效结合，增强对大学生的吸引力、感染力、引领力和说服力，提升思政课的教学效果与教学质量。

7.2.1　共享性：万物互联推动资源协同共享，增加思政课的厚度

内容为王，提高思政课的教学效果需要依赖内容，所以5G技术赋能大学生思政课获得感的提升，必须从内容角度突破。要充分利用其广连接和高带宽的优势，以5G技术为依托，结合人工智能、大数据等技术，在教学资源准备和教学资源使用等环节，从学生和教师层面做到优质教学资源的协同与共享，确保教学内容的统一性与特色性兼顾，教学方式的传统性与时代性结合，教学资源的科学性与实践性融合，优化教学资源和内容，进一步提高大学生的思政课获得感，提高课程的吸引力。

1. 推动思政课教学资源共享

信息时代下，依托 5G 技术的广连接和高带宽，可以将视频、音频、课件、文献资料等进行有效集中和传播，让教师和学生实时获取关于思政课的信息成为可能，可以在确保思政课知识性的基础上，也增强其思想性、理论性和时代性，增加思政课的厚度。

第一，打通思政课教学资源平台，实现教学资源共享。借助 5G 技术广连接和高带宽的优势，充分利用教育部思想政治工作司现有的"全国高校思政课教师网络集体备课平台"等实现资源沟通与共享，通过思政课教学成果展示、教学范例演示等多种形式，遴选优秀的教学案例与优质的教学资源，实现优质资源共享。同时各地区资源平台也要进行互动和共享，建立优质教学资源的互动互通机制，不断丰富思政课教学资源，确保资源兼具理论性、知识性、时代性与特色性，给广大思政课教师的充分备课提供重要支撑与保证。

第二，打通教师与学生的资源与信息交互渠道，实现师生资源共享。借助 5G 技术的优势，依托"雨课堂""爱课程"以及各高校开发的线上教学平台和 App，实现教师与学生之间的资源互动和交流；完善各类思政课教学平台和 App，如"学习强国"，进行优质教学资源的共享与开放，主动向学生推送与课程相关或者大学生感兴趣的信息，通过"时事热点+权威案例+理论提升"的模式，增加思政课的厚度；通过学生点击各类信息的频次等信息，分析学生的信息需求、兴趣偏好以及对教学内容的诉求，让教师更加了解学生，实现思政课教学资源与教学内容"供给与需求"的二元平衡，提升大学生的获得感。

2. 促进实时课堂教学内容的远程共享

近年来，一些高校依托 5G 和全息技术，开始打造跨区域的课堂教学协同，实现实时课堂教学资源的共享。比如，将"5G+全息&4K"技术引入思政课课堂，实现了跨校区同时开课、共享教师资源和教学资源的目标，促进优质资源的共享，提升思政课的吸引力，提高学生的参与度。这种协同式和共享式的教育模式和学习模式，让学生有机会接触到更多更优质的思政课教学资源，有利于提高学生思政课学习的深度与广度，让学生与更多优质师资互动交流，提升其学习的获得感。

随着5G技术的不断成熟及教学场景的丰富和完善，实现同一学校不同校区间的互动教学、后疫情时代的远程学习和智能考试等，会是未来技术快速发展下思政课的发展方向，也会成为思政课发展的新常态。它既符合信息时代的技术发展规律，也符合思政课教学改革创新的方向与目标，同时也能满足学生对思政课的诉求。

7.2.2 情景化：沉浸式教学强化学生现实体验，增加思政课的黏度

全方位虚实融合交互、全层次教学服务定制、全流程数据驱动评价是智能时代课堂空间的主要特征。互联网的发展让思政课课堂教学的形式不断增多，实现了课堂教学的多维度和多元化，随着学生需求的增多和时代发展要求的变化，思政课课堂教学形式须不断创新。

技术不能仅仅局限于技术展示和简单的技术应用，学生会产生视觉疲劳和应用疲劳；要充分发挥技术的主动性，实现学生与技术的互动，从技术中寻找不同之处。5G技术也不能仅仅只局限于其高带宽、低时延和广连接的优势上，要依托这些优势，不断创新教育应用场景，让5G技术真正赋能教育。

5G技术与大数据、云计算等技术相结合，重构了传统思政课的课堂模式，实现了理论教学与实践教学的实时互动；通过沉浸式教学和体验式教学，大大拉近了学生与历史、学生与理论、理论与实践的距离；通过情境化的体验，让思政课相关理论"活起来"，让历史照进现实，实现了历史人物与学生的对话，极大地提高了大学生思政课的参与度与活跃度，提升了思政课程的吸引力，增强了学生的思政课获得感。

1. 以数字全息技术呈现教学现场，提高思政课教学的可视化程度

5G技术的最大作用是对基础通信网络能力的突破与革新，这一创新能够使其通过多种方式同各领域进行融合创新和交叉创新，同时也为5G技术与其他技术相结合开展创新提供了新方向和新视角。将5G技术与数

字全息技术相结合，实现课堂教学形式的革新，是未来高校思政课改革最重要的方式。它实现了教学资源的实时共享，让思政课课堂"活起来"，可以通过对话和可视化的方式，突破计算机或手机屏幕的间隔，真实呈现教学现场。

近年来，一些高校将5G、4K和全息技术相结合，通过历史与现实、理论与实践相结合的方式，探索5G技术驱动的思政教学新模式。通过"教育主管部门平台支撑和政策指引+高校智能化环境建设+学院技能培训+企业技术保障"的模式，打造可视化思政课堂，将单向的教学转化为互动式教学，提高学生的参与度。各高校借助智慧时代智能化教室的打造，完成教学设备的更新与升级，为5G时代的情景式思政课堂奠定基础的教育环境；从教学制度、教育目标、教学模式完善方面，实现线上线下协同，为教师开展可视化思政课教学活动提供技术支撑和制度支撑，鼓励教师创新教学形式。

将"5G+AR"应用到思政课课堂教学中，让学生感同身受，可拉近学生与思想政治教学内容的距离、拉近学生与历史事件和历史人物的距离，实现历史与现实的相结合，让思政课更具历史的厚重感，提升思政课的吸引力，增加思政课的黏度。

2. 以虚拟仿真平台展现实践教学内容，增强学生的体验感

VR、AR等技术与课堂教学的融合，使抽象的学习内容可视化、形象化，带来传统教学手段无法实现的沉浸式学习体验，可以通过多维空间、多维视角去呈现课程的教学内容，同时也能够打造出集内容与形式于一体的多样化体验，这让思政课不再局限于课堂，能够让教学内容和学生都"动起来"。

借助5G技术，以北京理工大学为代表的高校建立了"虚拟仿真思政课体验教学中心"，打造了沉浸式、体验式的思政课教学形式，实现了线上线下实践教学一体，拓展了教学空间。为了让其效用最大化，也为了促进5G技术驱动的思政课教学仿真平台的共享化，以教育部为依托，以思政课教育改革与创新为契机，以政产学研相结合的形式，充分应用"来源

社会、依托社会和服务社会"的理念，打造一体化、全方位、多样性的"红色教育"虚拟仿真平台，将思政育人与党建育人相结合，将学校育人与社会育人相结合，将理论育人与实践育人相结合，打造高校的"三全育人"体系。

教育部要协调指导各高校将思政课红色故事与全国各地红色资源相结合，打造体验式和沉浸式的实践教学平台，突破后疫情时代实践教学时间与空间的限制，让学生身临其境体验历史、感受英雄人物；各高校将各类校史文化资源融入思政课虚拟仿真平台，完善思政育人的维度和视角。在建立完善的虚拟仿真平台的基础上，一方面要实现红色数字资源在高校、政府、企业和社会之间的共享与互动；另一方面要建立动态调整机制，结合社会热点和青年学生需求与特点等，加入时代元素，确保虚拟仿真平台的特色性与时代性，提升平台的吸引力。

基于5G技术打造虚拟仿真平台，可以极大地拉近思政课堂与现实人物和现实事件之间的距离，拉近学生和社会的距离，在让思政课堂"活起来"的基础上，确保课堂能够互动起来，如与历史的互动、与现实的互动、与虚拟人物的互动等。

7.2.3 精准化：智慧课堂瞄准学生诉求，增加思政课的温度

借助5G、人工智能、大数据等新兴网络信息技术，教育者可以精准捕捉到教育对象的个性化精神需求，实现定制化教学内容的供给。这是5G技术驱动的思政课教学改革发展的方向与目标，也是近年来各高校思政课改革过程中，学校和教师们重点突破的方向。

从教育信息技术的"使用"到"融合"，不仅仅是为了形式而使用，而是逐步让新媒体和新技术与高校思政课深入融合，要想真正实现思政课教学与信息技术的高度融合，必须强调教育与技术的双向融合及相互促进。以5G技术为主导打造的智慧化课程，要集内容呈现、情境感知、资源获取、及时互动和环境管理于一体，这要求5G技术驱动的思政课教学，除了要重视多媒体手段的应用外，还要通过智慧教室和智慧课堂，实现及

时互动和教育环境的管理；除了掌握教师的主导作用外，还要发挥好学生的主体作用，强化教师与学生互动，理解学生，了解学生需求，这样才能在内容上回应学生关切的问题。

1. 依托实时信息交互，激发学生的主体性，回应学生关切的问题

以价值引导为主的高校思政课智慧课堂建设要借助 5G 新技术，适应当代青年新变化新特点，树立回归课堂、激发学生"主体性"的教学理念。5G 技术的广连接和低时延能够让课堂实时信息互动成为现实，重建课堂教学模式，将知识学习、价值引领与能力提升相结合，以固定的教育目标为指导，在教学过程中，以学生为主体，进行实时的教学活动组织和动态的教学内容调整，优化思政课的教学效果，提升思政课的吸引力。

在 5G 技术驱动的思政课教学改革框架下，要有效实现课堂理论传授与全员互动的有效结合、课堂精准教学与过程化考评的有机配合、课堂教学与课堂组织管理的有机融合。依托思政课 App 教学平台，课堂教学方式打破传统"一言堂"或者面对面的单一互动。以"雨课堂"为例，可以通过实时"弹幕"或者手机发言等形式，让师生实时进行观点交流，并让学生进行实时反馈，从而提高学生的参与度，提高课堂的活跃性；让学生在对于课堂内容有疑问时随时提出，教师随时反馈和解答，积极回应学生关切的问题。

借助 5G 技术的优势，让学生主体性作用和课堂实时互动真正落到实处，让思政课堂不再仅仅是单一化理论讲授，同时也是一个思想交流的场域，能够吸引学生的注意力，真正发挥思政课价值引领的作用；同时学生主体作用得到有效发挥，这会增强学生参与课堂的成就感，增强学生思政课的获得感，让学生切实感受到思政课的温度，提升思政课的吸引力。

2. 根据关键词，实行智能推荐，满足学生的个性化需求

将 5G 技术与大数据和云计算技术相结合，通过对学生特征、专业特征和学生需求的精准分析，以"供需平衡"为导向，在符合思政课教育目标的基础上，对学生进行定制的思政课教学内容服务和个性的教学资源推荐。

针对不同学生的个体化需求,精准推送学习资源和教辅材料,真正实现思政课学习的因材施教和私人定制。依托5G技术和线上课堂教学平台,结合学生画像,利用视觉识别、语音识别和人工智能等技术,能够实时全面分析学生的个性及其学习行为和学习兴趣等内容。在课外学习环节,根据学生特点和专业特征,给不同学生推荐精准化课外思政课学习资源和内容,在满足学生思政课理论性知识学习的基础上,通过实践性知识和拓展性知识的推送,扩大思政课知识的覆盖面,提升思政课的吸引力;在课堂学习环节,将5G的广连接和高带宽与智能分析技术相结合,实时分析学生的学习行为,分析学生的兴趣点和关注度,实时调整授课内容,在提升了思政课教学效果的同时,提升学生的学习效率,真正地满足学生个性化学习需求。

5G技术驱动的个性化学习与教学相结合,以数据为基础,以智能化分析为依托,它能够最大限度地解决思政课的教学内容和教育目标与学生对思政课教学内容需求之间存在的矛盾,让学生感觉到思政课教学始终是围绕学生的,不是简单的理论知识灌输,这样才能够提高思政课的温度,提升思政课的吸引力。

从本质上来看,5G技术自身并不能简单驱动高校思政课的改革和创新,是5G技术带来教学资源共享、全新的教学活动体验和多元多样的教学互动与交流,才推动了思政课的改革与创新;思政课的这种改革与创新,进一步强化了学生的主体作用,突出了学生需求的满足与体现,以学生为中心,解决了教学内容、教育目标和学生需求之间的不平衡问题,极大增强了学生思政课的获得感。随着5G技术应用的不断成熟与完善,将5G技术进一步与大数据、云计算和人工智能等技术相结合,通过共享思政课教学资源,依托沉浸式和体验式教学,为学生提供精准化的教学内容,才能切实增强大学生思政课的获得感,提高思政课教学效果,落实好思政课知识传授、价值引领和能力提升的目标。

探讨时代要素助力高校思政课吸引力提升的问题,既是当前高校思政课吸引力提升需要做的重要工作,也是未来高校思政课建设过程中需要不断努力的方向。必须要通过保持其时代性、特色性、先进性与实践性，同时代和大学生走在一起，才能够让思政课更加"接地气"，才能够让思政课更好地体现学生需求和学生特征，才能够提升思政课的吸引力，才能确保高校思政课针对大学生开展的系列思想政治教育活动的有效性，才能增强大学生的国家认同感，坚定其马克思主义信仰，帮助其树立正确的世界观、人生观和价值观。

参考文献

[1] 习近平．思想政治理论课是落实立德树人根本任务的关键课程［J］．求是，2020（17）：13，24-28．

[2] 孟昭兰．情绪心理学［M］．北京：北京大学出版社，2005．

[3] 李朝阳．打造既有意义又有意思的思想政治理论课［N］．光明日报，2019-04-16（6）．

[4] 中共中央办公厅，国务院办公厅．关于深化新时代学校思想政治理论课改革创新的若干意见［EB/OL］．新华网，2019-08-14．

[5] 中共中央，国务院．关于全面深化新时代教师队伍建设改革的意见［N］．人民日报，2018-02-01（1）．

[6] 习近平．用新时代中国特色社会主义思想铸魂育人 贯彻党的教育方针落实立德树人根本任务［N］．人民日报，2019-03-19（2）．

[7] 习近平．习近平谈治国理政：第二卷［M］．北京：外文出版社，2017．

[8] 教育部．2016年全国高校思想政治工作会议［EB/OL］．教育部网站，2016-12-08．

[9] 习近平．思想政治理论课是落实立德树人根本任务的关键课程［EB/OL］．求是网，2020-12-11．

[10] 新华社．中共中央国务院印发《关于加强和改进新形势下高校思想政治工作的意见》［J］．社会主义论坛，2017（3）：4-5．

[11] 张烁．习近平在全国高校思想政治工作会议上强调：把思想政治工作贯穿教育教学全过程开创我国高等教育事业发展新局面［N］．人

民日报，2016-12-09（1）.

[12] 沈壮海．思想政治教育有效性研究［M］．武汉：武汉大学出版社，2008.

[13] 王立仁，吴林龙．论思想政治教育过程的主体和介体［J］．北京交通大学学报（社会科学版），2010，9（4）：99-103.

[14] 韩国海．有效教学概念及评价范畴辨析［J］．中国教育学刊，2013（7）：42-45.

[15] 刘凤英．大学生思想政治理论课教学吸引力不强的表现及对策［D］．武汉：华中师范大学，2015.

[16] 刘夫楠．高校思想政治理论课教学吸引力提升研究［D］．大连：大连理工大学，2017.

[17] 勒庞．乌合之众：大众心理学研究［M］．冯克利，译．南宁：广西师范大学出版社，2015.

[18] 皮亚杰．发生认识论原理［M］．王宪钿，译．北京：商务印书馆，1981.

[19] 苏映宇．高校思想政治理论课讲好抗疫故事的教学意蕴和实践理路［J］．内蒙古农业大学学报（社会科学版），2020，22（5）：55-58.

[20] 冯刚，朱宏强．抗疫精神的思想政治教育价值研究［J］．思想教育研究，2020（12）：113-117.

[21] 马池珠，冯薇．教育与技术的对话——第七届教育技术国际论坛综述［J］．中国电化教育，2008（11）：26-29.

[22] 魏玖长，韦玉芳，周磊．群体性突发事件中群体行为的演化态势研究［J］．电子科技大学学报（社科版），2011，13（6）：25-30.

[23] 钱智勇，陈军，董丁戈．论大学生群体行为的疏导与教育［J］．思想理论教育导刊，2010（9）：102-105.

[24] 李永进．论5G时代高校思想政治理论课的创新建设［J］．思想理论教育导刊，2020（7）：101-105.

[25] 班杜拉．社会学习理论［M］．陈欣银，李伯黍，译．沈阳：辽

宁人民出版社，1989.

［26］汪小帆，李翔，陈关荣．复杂网络理论及其应用［M］．北京：清华大学出版社，2005.

［27］郭进利．复杂网络和人类行为动力学演化模型［M］．北京：科学出版社，2013.

［28］李嘉玮．高校思想政治教育吸引力提升研究：以马克思人的全面发展理论为视角［D］．开封：河南大学，2017.

［29］马克思，恩格斯．马克思恩格斯全集［M］．中共中央马克思、恩格斯、列宁、斯大林著作编译局，译．北京：人民出版社，1998.

［30］丁学良．马克思的"人的全面发展观"概览［J］．中国社会科学，1983（3）：27.

［31］杨建华．需求，行动与社会发展［J］．中共中央党校学报，2016，20（1）：6.

［32］黑格尔．黑格尔历史哲学［M］．潘高峰，译．北京：九州出版社，2011.

［33］塔尔德，帕森斯．模仿律［M］．何道宽，译．北京：中国人民大学出版社，2008.

［34］布莱克默．社会政策导论［M］．杨伟民，译．北京：中国人民大学出版社，2009.

［35］袁建勤，戈琴，高校学生自杀危机干预及应急处置机制研究［J］．教育与职业，2006（23）：102-103.

［36］梁琳琳．"00后"大学生思想政治教育研究［D］．大连：大连海事大学，2020.

［37］文恺．"95后"大学生道德信仰现状及教育对策研究［D］．大连：大连交通大学，2018.

［38］拉普．技术哲学导论［M］．胡翌霖，译．沈阳：辽宁科学技术出版社，1986.

［39］陈莉，高铭竺．"00后"大学生的群体特点及意识形态形成环

境研究［J］．西部学刊，2020（12）：19-21．

［40］中国互联网信息中心．第 48 次中国互联网络发展状况统计报告［EB/OL］．中国互联网络信息中心网，2021-09-25．

［41］辛小燕．社交网络时代的大学生群体性孤独问题研究［D］．南宁：广西大学，2017．

［42］特克尔．群体性孤独［M］．周逵，刘菁荆，译．杭州：浙江人民出版社，2014．

［43］刘雪．青年人社交焦虑、应对方式和手机依赖倾向的相关研究［D］．南京：南京师范大学，2014．

［44］赵建波．"泛娱乐化"思潮对大学生价值观念的消极影响及其应对策略［J］．思想教育研究，2018（11）：72-76．

［45］腾讯科技．抖音首次公布用户年龄分布：97 后成网红主力 85%在 24 岁以下［EB/OL］．网易新闻网，2017-09-03．

［46］郝滨．催眠与心理压力释放［M］．合肥：安徽人民出版社，2009．

［47］赵颖，陶克涛．大学生消费行为和消费结构研究［J］．内蒙古财经大学学报，2019，17（1）：45-48．

［48］卡尔．浅薄：互联网如何毒化了我们的大脑［M］．刘纯毅，译．北京：中信出版社，2010．

［49］张琪，苏国辉．当代大学生心理压力问题的几点思考［J］．山西大同大学学报（自然科学版），2019，35（4）：88-91．

［50］王志琳．心灵·自我·社会：米德的社会行为主义述评［J］．赣南师范学院学报，2003（5）：56-59．

［51］张嘉玲．不同发展阶段个体避免采取自杀行为的保护性信念差异研究［D］．新竹：新竹教育大学，2009．

［52］罗宾斯．组织行为学［M］．孙健敏，李原，黄小勇，译．北京：中国人民大学出版社，2005．

［53］钱晓蓉．公共管理中网络集群行为的研究［D］．苏州：苏州大学，2011．

［54］朱力，卢亚楠．现代集体行为中的新结构要素：网络助燃理论探讨［J］．江苏社会科学，2009（6）：84-90．

［55］陈廷．重新审视思想政治教育的地位作用［J］．理论前沿，2009（4）：28．

［56］秦程节．社会思潮网络传播影响下青年核心价值观认同培育［J］．当代青年研究，2017（2）：11-16．

［57］陈伟军．虚拟社区中的社会思潮传播与价值形塑［J］．浙江学刊，2013（1）：183-193．

［58］徐瑾．当代社会思潮对青年学生价值观影响方式的特征分析［J］．思想理论教育，2010（17）：46-52．

［59］杨增崇．当前社会思潮研究的突出特点及方法论问题思考［J］．思想理论教育，2017（11）：54-58．

［60］林泰．关于社会思潮研究的几个基本理论问题：访清华大学马克思主义学院林泰教授［J］．思想理论教育导刊，2016（5）：35-41．

［61］吉登斯．社会学［M］4版．赵旭东，等，译．北京：北京大学出版社，2003．

［62］罗燕．新媒体社会思潮的传播及引导［J］．人民论坛，2017（29）：128-129．

［63］宋善文．把握好高校思政工作的"事""时""势"［N］．中国教育报，2020-12-03（8）．

［64］高旭君．网络思潮对大学生价值观的影响及对策［D］．长春：东北师范大学，2016．

［65］宋斌，民办高校思想政治教育协同机制研究［M］．北京：人民出版社，2020．

［66］金家新，盛朝婷．21世纪思想政治理论课政策的变迁过程、特征分析及创新驱动力［J］．教育评论，2021（12）：10．

［67］教育部．中央宣传部教育部关于印发《普通高校思想政治理论课建设体系创新计划》的通知（教社科〔2015〕2号）［A］．2015-07-30．

［68］杨宾峰，张红霞，许丹东．辅导员个性特质对思想政治教育感染力的影响［J］．江苏高教，2017（3）：82-86．

［69］张俊．网络环境下提升高职思想政治理论课教学吸引力的研究［J］．教育与职业，2016（16）：87-88．

［70］张宏伟．案例教学提升思想政治理论课吸引力和感染力探析：以"毛泽东思想和中国特色社会主义理论体系概论"课为例［J］．思想教育研究，2016（5）：88-91．

［71］赵明刚．提升高校思想政治理论课教学吸引力的路径探讨［J］．教育评论，2015（4）：59-61．

［72］柴艳萍．高校思想政治理论课教学方式方法改革再思考［J］．思想理论教育导刊，2017，225（9）：115-119．

［73］波普诺．社会学［M］．李强，译．北京：中国人民大学出版社，1999．

［74］叶飞霞，夏玉生．大学生思想政治教育方式方法创新的四维视角：基于增强亲和力感染力的思考［J］．福建农林大学学报（哲学社会科学版），2011，14（1）：73-77．

［75］朱前星．高校学生思想政治教育的吸引方略探析［J］．中州大学学报．2002（2）：35-36．

［76］王运鹏．增强高校思想政治教育吸引力的研究［D］．长春：吉林农业大学．2015．

［77］赵兴．高校思想政治理论课教学吸引力问题研究［D］．武汉：华中师范大学．2014

［78］陈秉公．思想政治教育学原理［M］．沈阳：辽宁人民出版社，2001．

［79］章忠民，魏华．新时代思想政治论要［M］．北京：人民出版社，2019．

［80］教育部课题组．深入学习习近平关于教育的重要论述［M］．北京：人民出版社，2019．

［81］梅罗维茨．消失的地域：电子媒介对社会行为的影响［M］．肖志军，译．北京：清华大学出版社，2002.

［82］周志忍．政府绩效评估中的公民参与：中国地方政府的实践与经验［M］．北京：人民出版社，2015.

［83］麦奎尔．麦奎尔大众传播理论［M］．徐佳，董璐，译．北京：清华大学出版社，2010.

［84］贾兆帅，王顺洪．高校思想政治教育效果层次论［J］．思想政治教育研究，2019，35（6）：4.

［85］郑敏．增强高职院校思想政治理论课教学吸引力的思考［J］．思想理论教育导刊，2012（12）：84-86.

［86］张小兰，何金祥．提高思想政治理论课吸引力的探索与思考：以"毛泽东思想和中国特色社会主义理论体系概论课"为例［J］．学校党建与思想教育，2012（24）：39-40.

［87］彭建国．注重方法创新 增强高校思想政治教育吸引力［J］．中国高等教育，2012（12）：27-28.

［88］李敏．增强高校思想政治理论课吸引力研究述评［J］．学校党建与思想教育，2012（14）：59-61.

［89］颜娟．高校思想政治理论课教学吸引力问题研究［D］．长沙：湖南师范大学，2007.

［90］王丽英，俞婷．思想政治理论课教学内容呈现方式简论［J］．学校党建与思想教育，2012（6）：41.

［91］韩国海．有效教学概念及评价范畴辨析［J］．中国教育学刊，2013（7）：42-45.

［92］列宁．列宁全集：第1卷［M］，北京：人民出版社，1995.

［93］刘凤英．大学生思想政治理论课教学吸引力不强的表现及对策［D］．武汉：华中师范大学，2015.

［94］王娜，赵健．改革教学供给增强思想政治理论课获得感：基于"中国马克思主义与当代"课程综合改革的探索［J］．思想教育研究，

2019（8）：122-124.

[95] 李昊婷. 新时代高校思想政治理论课获得感的生成机制与提升路径［J］. 思想教育研究，2019（6）：73-77.

[96] 周金华，刘睿. 论增强"大学生思想政治理论课获得感"［J］. 思想政治教育研究，2019，35（2）：75-80.

[97] 张艳丽，何祥林. 新时代增强大学生思想政治理论课获得感的思考［J］. 中国高等教育，2019（6）：43-45.

[98] 王会民. 增强大学生思想政治理论课获得感的四重向度［J］. 思想教育研究，2018（11）：86-90.

[99] 刘基，张亚龙. 决定思想政治教育内容的因素［J］. 党政论坛，2009（21）：3.

[100] 张梅. 增强高校思想政治理论课教学吸引力研究［J］. 华北水利水电学院学报（社会科学版），2008（6）：103-105.

[101] 冯刚，朱宏强. 抗疫精神的思想政治教育价值研究［J］. 思想教育研究，2020（12）：113-117.

[102] 王庆云. 论抗疫精神融入青年思想政治教育［J］. 思想政治教育研究，2020，36（6）：113-118.

[103] 齐巧霞. 关于增强大学生思想政治教育效力的思考［J］. 西华大学学报（哲学社会科学版），2005，24（6）：109-110.

[104] 赵中. 高校思想政治理论课教师角色的定位［J］. 中国高等教育，2016（8）：16-18.

[105] 布鲁纳. 教育过程［M］. 邵瑞珍，译. 北京：人民教育出版社 1989.

[106] 邓小平. 邓小平文选：第三卷［M］，北京：人民出版社，1993.

[107] 人民日报评论员. 人民至上 生命至上［N］. 人民日报，2020-04-27（001）.

[108] 崔健，舒练. 高校思想政治理论课讲好伟大抗疫精神论略［J］. 思想教育研究，2021（2）：116-120.

[109] 沈壮海．思想政治教育学科的新自觉与新未来［J］．马克思主义理论学科研究，2015（1）：10．

[110] 卢黎歌，吴凯丽．课程思政中思想政治教育资源挖掘的三重逻辑［J］．思想教育研究，2020（5）：74-78．

[111] 冯刚．改革开放以来高校思想政治教育发展史［M］．北京：人民出版社，2018．

[112] 顾钰民．新时代思想政治理论课传统优势同信息技术高度融合研究［J］．思想理论教育导刊，2018（9）：75-78．

[113] 谢幼如，邱艺，刘亚纯．人工智能赋能课堂变革的探究［J］．中国电化教育，2021（9）：72-78．

[114] 傅江浩，赵浦帆．高校思想政治理论课教学媒体技术融合改革创新［J］．湖北社会科学，2019（12）：180-184．

[115] 李梁．思想政治理论课教学与信息技术融合创新发展的历史与逻辑［J］．思想理论教育导刊，2018（2）：91-95．

[116] 曹挹芬，唐亚阳．5G时代高校思想政治理论课智慧课堂建设的理念与原则［J］．学校党建与思想教育，2020（3）：78-80．

[117] 沈震，杨志平．思想政治理论课教学与新媒体新技术相融合的若干思考［J］．思想理论教育，2017（3）：69-74．

[118] 王易，茹奕蓓．论思想政治教育获得感及其提升［J］．思想理论教育导刊，2019（3）：107-112．

[119] 谭慧存．新时代高校思想政治理论课对大学生吸引力提升路径研究［J］．教育理论与实践，2021，41（33）：36-39．

[120] 杨波，戴艳军．全方位提升思想政治教育话语吸引力［J］．人民论坛，2021（Z1）：147-149．

[121] 洪晓楠，邱金英．大学生思想政治理论课获得感的内涵、特征、影响因素及增强对策：以马克思主义基本原理概论课为例［J］．现代教育管理，2021（1）：38-44．

[122] 熊晓琳，李海春．创新教学方法 增强教学吸引力："全国高校

思想政治理论课教学方法研讨会"综述[J]．思想理论教育导刊，2011（2）：120-121．

[123]富姗姗，巩前文，张闯．高校思想政治理论课学生获得感内涵的四个维度[J]．中国高等教育，2020（2）：28-29．

[124]何碧琼，蒋丽．论运用影视作品增强高校思想政治理论课的吸引力[J]．西南民族大学学报（人文社会科学版），2011，32（S3）：56-58．

[125]牛变秀．思想政治理论课教学吸引力提升策略探究[J]．思想理论教育导刊，2011（4）：72-74．

[126]蒋广学，王志杰，张勇．论全环境育人理念下大学生思想政治教育的时代感与吸引力[J]．学校党建与思想教育，2018（5）：87-89，96．

[127]彭建国．增强高校思想政治教育吸引力问题研究[D]．长沙：湖南师范大学．2011．

[128]万蕊．辨析与镜鉴：中美思想政治教育概念、内涵与方法刍议[J]．社科纵横，2016，31（1）：35-38．

[129]赵中源，陈倩．高校思想政治理论课必须正视"迎合式"教学的误区[J]．思想教育研究，2016（4）：4．

[130]赵娟娟．高校思想政治教育吸引力影响因素探析[J]．教书育人：高教论坛，2015（3）：58-59．

[131]朱德全．论教学设计的逻辑生长点[J]．教育研究，2008（8）：5．

[132]林洁．思想政治教育感染力的结构形态[J]．江苏高教，2017（10）：83-88．

[133]江燕，班高杰．提升思想政治理论课教学的吸引力和感染力[J]．中国高等教育，2017（11）：51-53．

[134]林洁．思想政治教育感染力的内涵结构及其实现路径[J]．思想政治教育研究，2017，33（2）：64-69．

［135］郝颖．关于增强高校思想政治教育吸引力的思考［J］．教育与职业，2014（32）：59-60．

［136］杨国英．增强高职高专思想政治理论课吸引力探微［J］．学校党建与思想教育，2014（8）：29-30．

［137］于成学，张影，王娟．增强意识形态吸引力：思想政治教育的应有之义［J］．学校党建与思想教育，2014（1）：33-35．

［138］高德毅，宗爱东．从思想政治理论课程到课程思政：从战略高度构建高校思想政治教育课程体系［J］．中国高等教育，2017（1）：43-46．

［139］张玉．高校思想政治理论课吸引力问题研究［D］．南京：南京师范大学．2017．

［140］张果．当代大学生意识形态安全教育研究［M］．北京：人民出版社，2015．

［141］陈坤，谭英磊．基于CiteSpace的我国思想政治理论课领域知识图谱分析［J］．黑龙江高教研究，2020，38（2）：128-132．

［142］李金锴．试论提高思想政治理论课课堂吸引力的路径［J］．学校党建与思想教育，2013（19）：37-38．

［143］李永菊．试析基于传播学视角如何增强高校思想政治理论课吸引力［J］．学校党建与思想教育，2013（19）：42-43．

［144］王仪祥．努力增强高校思想政治理论课的吸引力和感染力［J］．思想理论教育导刊，2013（6）：74-76．

［145］代玉启，马静．大学生思想政治理论课获得感的基本结构与提升方式［J］．中国高等教育，2019（24）：36-38．

［146］高雨蒙，李庆华．大学生思想政治教育感染力提升路径研究［J］．思想政治教育研究，2018，34（2）：95-99．

［147］彭建国，李彤．增强高校思想政治教育吸引力问题研究的回顾与展望［J］．思想教育研究，2011（3）：107-110．

［148］徐菲．高校思想政治教育效果评价指标及其赋值研究：基于效

果阶梯理论和结构层次系数 [J]. 江苏高教, 2021 (7): 5.

[149] Bradshaw. The Concept of Social Need [J]. New Society, 1974: 367-392.

[150] Barabási, Albert. Emergence of Scaling in Random Networks [J]. Science, 1999, 286 (5439): 509-512.

[151] Mackinnon, Lockwood, Hoffman, et al. AComparison of Methods to Test the Mediation and Other Intervening Variable Effects [J]. Psychological Methods, 2002, 8 (1): 1-35.

[152] Cooper, Popovic, Treuille. Continuum Crowds [J]. ACM Trans. Graphics (TOG), 2006, 25 (3): 1160-1168.

[153] Gimeno, Woo. Hypercompetition in a Multimarket Environment: The Role of Strategic Similarity and Multimarket Contact in Competitive De-Escalation [J]. Organization Science. 1996 (3): 20-24.

[154] Stumpf. Socrates toSartre: aHistory of Philosophy [M]. New York: McGraw-Hill, 1999.

[155] Park, Burgess, Janowitz. Introduction to the Science of Sociology [M], Chicago: University of Chicago Press, 1921.

[156] Allport. Social Psychology [M]. Boston: Houghton Mifflin, 1924.

[157] Bronfenbrenner. The Ecology of Human Development: Experiments by Nature and Design [M]. Cambridge, MA: Harvard University Press, 1979.

[158] Ivancevic, Reid, Aidman. Crowd Behavior Dynamics: Entropic Path-integral Model [J]. Nonlinear Dynamics, 2010, 59 (2): 351-373.

[159] Aveni. The Not-so-lonely Crowd: Friendship Groups in Collective Behavior [J], Sociometry, 1977, 40 (1): 96-99.

[160] Lewin. Principles of Topological Psychology [M]. New York: McGraw-Hill, 1936.

[161] Smelser. Theory of Collective Behavior [M]. New York: Free Press, 1962.

[162] Blumer. Collective Behavior [M]. New York: Barnes & Noble, 1939.

[163] Watts, Strogatz. Collective Dynamics of 'Small-world' Networks [J]. Nature, 1998, 393 (6684): 440-442.

[164] Turner, Killian. Collective Behavior [M]. New York: Prentice Hall, 1972.

[165] Berk. A Gaming Approach to Crowd Behavior [J]. American Sociological Review, 1974, 39 (3): 355-373.

[166] Iwanaga, Namatame. Collective Behavior in Cascade and Schelling Model [J]. Procedia Computer Science, 2013, 24 (1): 217-226.